L'ART
DU LAYETIER.

L'ART
DU LAYETIER,

PAR M. ROUBO,
Maître Menuisier, Associé Honoraire de la Société des Arts de Geneve.

A PARIS,
Chez MOUTARD, Imprimeur-Libraire de la REINE, de MADAME, de Madame la Comtesse D'ARTOIS, & de L'ACADÉMIE ROYALE DES SCIENCES, rue des Mathurins, Hôtel de Cluni.

M. DCC. LXXXII.

L'ART DU LAYETIER.

L'Art du Layetier n'eſt, à proprement parler, qu'un diminutif de celui du Menuiſier, avec lequel il ne faiſoit anciennement qu'un, du moins autant qu'on le peut conjecturer. Cette conjecture eſt d'autant plus vraiſemblable, que les Layetiers ſe ſervent des principaux outils des Menuiſiers, comme l'établi, les ſcies, le ciſeau, le rabot, &c.; qu'ils emploient la même matiere, & qu'ils font des ouvrages à peu près ſemblables, qui ne different de ceux des Menuiſiers que par la conſtruction; les ouvrages de menuiſerie étant tous aſſemblés à tenons & mortoiſes ou autres eſpeces d'aſſemblages, & ceux de Layeterie n'en ayant aucuns, toutes les pieces qui compoſent les ouvrages de ce dernier Art étant retenues enſemble par le moyen des clous ou toute autre ferrure, comme je l'expliquerai ci-après.

Les Layetiers forment à Paris une Communauté aſſez ancienne; car, ſous François I, en 1521, une Sentence du Prévôt de Paris fait mention de quinze articles de leurs ſtatuts, dans laquelle Sentence ils ſont qualifiés de Maîtres Layetiers-Ecriniers, nom qui leur a été vraiſemblablement donné à cauſe des layettes, eſpece de boîtes propres à ſerrer du linge, & des écrins ou étuis qu'ils étoient en poſſeſſion de faire, & qui faiſoient la partie la plus conſidérable de leurs ouvrages, du moins dans ce temps-là.

Maintenant, quoiqu'ils prennent encore le titre d'Ecriniers, ils ont abandonné cette partie de leur Art aux Gaîniers, du moins quant à ce qui concerne ces étuis proprement dits, & ils ne s'occupent plus que des autres ouvrages de leur Art, comme les boîtes de toutes eſpeces, les pieges connus ſous le nom de ſouriciere, & autres, les caiſſes propres à placer des arbriſſeaux, & ſur-tout les caiſſes dans leſquelles on enferme les effets qu'on veut tranſporter ſûrement d'une Province à l'autre, leſquelles caiſſes ſont à préſent une des parties les plus conſéquentes de l'Art du Layetier, tant par rapport à l'occupation qu'elles donnent aux Ouvriers de cet Art, que par l'adreſſe & l'uſage qu'elles exigent de ces derniers pour encaiſſer, avec toute la ſolidité poſſible, les effets qu'on confie à leurs ſoins, comme je l'expliquerai en ſon lieu.

L'Art du Layetier eſt peu conſidérable, tant par rapport aux connoiſſances néceſſaires aux Ouvriers qui le profeſſent, que par rapport aux différens ouvrages dont le nombre & la façon ne ſont pas très-conſidérables. Cependant il eſt néceſſaire d'entrer dans quelques détails au ſujet des uns & des autres, pour donner à la deſcription de cet Art l'ordre & l'étendue convenables; c'eſt pourquoi je diviſerai cette deſcription en deux Chapitres. Dans le premier, je traiterai des bois propres à la conſtruction des ouvrages de Layeterie, & des outils dont les Layetiers font uſage; & dans le ſecond, des ouvrages de cet Art, ſur-tout quant à ce qui a rapport à leurs formes & à leurs conſtructions.

CHAPITRE PREMIER.

Des bois & des outils ſervant à la conſtruction des ouvrages de Layetier en général.

Il eſt des Arts qui demandent une infinité de connoiſſances théoriques de la part de ceux qui les profeſſent, & il en eſt d'autres au contraire où toute la ſcience néceſſaire à l'Ouvrier ne conſiſte qu'en une certaine connoiſſance toute de pratique, qui, une fois acquiſe, lui ſuffit pour faire, avec une ſorte de perfection, tous les ouvrages de ſon Art. Celui dont je fais la deſcription eſt dans ce dernier cas; c'eſt pourquoi cette deſcription ſera très-ſuccincte, & tout à la fois théorie-pratique, ſans cependant rien négliger de ce qui pourra concourir à ſa perfection, & à l'inſtruction des Ouvriers & du Public en général.

SECTION PREMIERE.

Des bois propres à la conſtruction des ouvrages de Layeterie, & de leurs différentes qualités & uſages.

LES bois dont les Layetiers font uſage, ſont le chêne, le hêtre, le ſapin, & le peuple. Le chêne eſt un bois aſſez de fil, moyennement dur & plein, de couleur jaunâtre, tirant quelquefois ſur le gris, & cela plus ou moins, ſelon le pays où il croît, & ſa qualité plus ou moins dure. Celui dont les Layetiers font uſage, ſe nomme creſon ou courſon, nom qu'on donne généralement à tous les bois qui ne ſont pas refendus à la ſcie, mais au coutre. Ils n'emploient pas ordinairement de creſons neufs; mais ils ſe ſervent le plus ſouvent de douves & de fonds de tonneaux qu'ils choiſiſſent les plus ſains poſſibles, & qu'ils redreſſent au feu avant que de les mettre en uſage, du moins les douves qui ſont toujours creuſes d'un côté.

Quand on veut redreſſer les douves (ou tout autre bois ceintré naturellement, c'eſt-à-dire qui s'eſt ployé), on commence par les mouiller, mais plus du côté creux que du bouge ou bombé, ce qui eſt la même choſe, puis on en arrange une certaine quantité autour d'un feu vif & clair, en obſervant cependant que la flamme n'endommage pas la ſurface du bois, & on les mouille de temps en temps par-derriere, c'eſt-à-dire du côté du creux, afin que l'eau, en s'introduiſant dans l'épaiſſeur du bois, en amolliſſe les fibres, & les rende plus ſouples pour ſe prêter à l'action du feu qui, en pouſſant au dehors, tend à faire redreſſer les douves.

A meſure que les douves chauffent, il faut les retirer de temps en temps hors du feu, & en les tenant d'une main par un bout, & poſant l'autre contre terre, il faut les faire ployer de l'autre main, en appuyant deſſus du côté du bouge, & on les fait ainſi ployer juſqu'à ce qu'elles creuſent de ce côté, afin qu'en ſe refroidiſſant elles reſtent droites. Quand une quantité de douves ſont ainſi redreſſées, il eſt bon, avant qu'elles ſoient parfaitement refroidies, de les mettre comme en preſſe entre quelque choſe de lourd, & faire en ſorte qu'elles creuſent un peu à contre-ſens de ce qu'elles étoient, pour les raiſons que j'ai dites ci-deſſus.

Les Layetiers n'emploient guère d'autre bois de chêne que celui dont je viens de parler, à moins que ce ne ſoit pour faire des caiſſes de jardins; mais comme ils n'en font que de petites, les douves leur ſuffiſent ordinairement, du moins pour le pourtour de ces caiſſes.

Le bois de hêtre a le grain fin & ferré, il eſt plein, & de fil; ſa couleur eſt blanche, quelquefois tirant ſur le roux; les Layetiers en font grand uſage pour quantité de leurs ouvrages, & ne l'emploient qu'en bois de fente, nommé autrement goberges ou hauſſes. Les goberges ſont des eſpeces de lattes de hêtre de 3 pieds & demi de longueur ſur environ 6 pouces de largeur & 2 à 4 lignes d'épaiſſeur: ces lattes ſont toutes réparées à la plane, & s'emploient à quantité de menus ouvrages, comme petites boîtes, ſouricieres, &c.

Le ſapin eſt un bois tendre & léger, de couleur blanche; ſon grain eſt large, ce qui y fait paroître à ſa ſurface des veines ou rayûres plus ou moins foncées, leſquelles ſont d'une couleur verdâtre lorſque le bois n'eſt pas encore ſec, mais qui jauniſſent à meſure qu'il perd de ſon humidité. Quoique ce bois ſoit tendre, il ne laiſſe pas d'être liant, ſur-tout lorſqu'il eſt bien de fil; il ſe fend par lames très-minces, & on l'emploie avantageuſement à faire des boîtes rondes & ovales, dont je parlerai dans la ſuite.

Les Layetiers emploient auſſi du ſapin épais, appelé communément bois de bateau, parce que ce ſont des planches qu'on retire des bateaux qu'on détruit. Ce bois, quoique bon à certains égards, eſt cependant très-défectueux, non ſeulement par la grande quantité de clous qui s'y rencontrent ſur les rives & même dans toute ſa ſurface, mais encore par nombre de trous qui y ont été faits pour placer les chevilles qui ſervoient à lier enſemble les différentes parties du bateau.

Le bois de bateau ne s'emploie que pour conſtruire des caiſſes d'une grandeur un peu conſidérable, & qui ont plus beſoin de ſolidité que de propreté.

Le peuple ou peuplier, eſt un bois extrêmement mou, d'une couleur blanche un peu rouſſe; ſon grain eſt fin & ſerré, & ſes fils ſont un peu mêlés, ce qui fait que ce bois, quoique mou, ſe fend difficilement. Les Layetiers l'emploient à beaucoup d'ouvrages, & l'achetent par planches de 6 à 8 lignes d'épaiſſeur, qu'on nomme voliches ou voliges. Voilà tous les bois dont les Layetiers font uſage, du moins pour l'ordinaire: je vais maintenant paſſer à la deſcription des outils, ce qui fera l'objet de la Section ſuivante.

SECTION II.

Des Outils des Layetiers, de leurs formes & uſages.

L'ÉTABLI repréſenté (PL. 1. *Fig.* 2) eſt un des plus gros outils des Layetiers; il eſt compoſé au deſſus d'une table de bois d'orme ou de hêtre, qui a 6 à 7 pieds de longueur ſur 18 à 20 pouces de largeur & 4 pouces d'épaiſſeur. Cette table eſt portée par quatre pieds de bois de chêne de 3 pouces d'épaiſſeur ſur 4 pouces de largeur; ils ſont aſſemblés à tenons & enfourchemens à queues dans le deſſous de la table, &, par le bas, leur écart eſt entretenu par quatre traverſes auſſi de chêne de 2 pouces d'épaiſſeur ſur 3 à 4 pouces de largeur, leſquelles y ſont aſſemblées à tenons & à mortoiſes: entre ces dernieres (c'eſt-à-dire les traverſes) & les pieds, est placé un fond, dont les planches doivent être jointes à rainures & languettes, &, pour plus de solidité, être disposées à bois debout, comme on peut le voir à la *Fig.* 2.

Ce fond doit être porté par des tasseaux attachés au bas & en dedans des traverses, ce qui vaut mieux que de l'attacher sous ces dernieres, comme cela arrive quelquefois, parce que, pour peu qu'on mette quelque chose de lourd dans l'établi, la pesanteur fait lâcher les clous, & le fond tombe.

Les deux bouts & un des côtés de l'établi du Layetier sont fermés avec des cloisons de planches, comme on le peut voir dans cette Figure, où il n'y a que le devant de l'établi ouvert, c'est-à-dire, le côté par où l'Ouvrier se place pour travailler dessus.

Au bout supérieur, & sur le devant de la table de l'établi, est placé le crochet A; ce crochet représenté (*Fig.* 4), est une espece de patte de fer recourbée, dont la partie qui est horizontale, est plate & large du devant, & taillée en forme de scie; l'autre bout est terminé en pointe, & entre dans un morceau de bois d'environ 2 pouces & demi carré sur 9 à 10 pouces de longueur. Ce morceau de bois se nomme la boîte du crochet, & entre le plus juste possible dans une mortoise percée dans l'épaisseur de la table de l'établi, afin de hausser ou baisser le crochet comme on le juge à propos, ce qui se fait en frappant la boîte à bois debout avec le maillet, soit en dessus ou en dessous de l'établi. Le crochet sert à arrêter en place le bois qu'on travaille sur l'établi, comme je le dirai en son lieu. Vers l'autre extrémité de l'établi, est un trou carré d'environ un pouce de diametre, dans lequel on fait entrer la tige ou soie d'une petite enclume ou tas de fer B, laquelle sert à redresser les pointes des clous, à faire des rivures & autres usages, dont je parlerai dans la suite. Voyez la *Figure* 5, où ce tas est représenté plus en grand & avec sa tige. Sur le devant, ou, pour mieux dire, sur le côté de la table de l'établi, est attaché un crochet de bois C, lequel sert à appuyer les pieces qu'on travaille, soit sur le champ ou à bois debout.

Le dessus de l'établi n'a point de trous pour y placer de valet, ou un tout au plus du côté du crochet, parce que les Layetiers ne font point usage du valet, du moins pour faire la plus grande partie de leur ouvrage; c'est en quoi principalement ils different des Menuisiers ordinaires, se servant d'une grande partie des outils de ces derniers, comme je l'ai dit ci-dessus. En dessous de l'établi, ou, pour mieux dire, de la table, est placé un tiroir D, dans lequel chaque Ouvrier place de menus outils, & les choses les plus aisées à se perdre, comme les pointes, le pied, le compas, &c. La hauteur totale de l'établi est de 27 à 30 pouces du dessus de la table, ce qui est suffisant pour que des hommes d'une grandeur ordinaire y puissent travailler commodément.

Quand les pieces de bois dont les Layetiers font usage, comme planches, voliges, &c. sont trop larges, ils les divisent avec la scie à refendre, représentée (*Fig.* 3). Cette scie est composée d'un châssis ordinairement de sapin de 2 pieds de largeur sur 3 à 3 pieds & demi de hauteur; les deux pieces montantes de ce châssis se nomment les bras, & les deux autres qui sont horizontales, les sommiers. La lame ou feuille de la scie est placée au milieu de ce châssis, & les dents ou son épaisseur (ce qui est la même chose) parallélement à la face de ce dernier.

Les deux extrémités de cette lame sont arrêtées dans deux étriers E & F, dans lesquels les sommiers passent. L'étrier du haut, qu'on nomme aussi boîte, a 7 à 8 pouces de longueur, & il a une mortoise percée perpendiculairement à la face du châssis, dans laquelle passe une clef ou coin *a b*, qui sert à bander la lame de la scie, laquelle est attachée de maniere qu'en enfonçant ce coin, qui d'un côté frotte sur le sommier du haut, & de l'autre contre l'étrier E, elle est forcée de s'étendre autant qu'il est nécessaire. Au dessus de la clef est placée, & en sens contraire, une cheville *c d*, avec laquelle celui qui est placé sur l'établi, tient la scie lorsqu'on en fait usage. Cet étrier se fait d'un bois ferme, comme du chêne ou du hêtre, mais plus ordinairement de ce dernier bois. L'étrier du bas F se fait aussi en bois; mais il vaut mieux en fer, comme dans cette *Figure*, tant parce qu'il est plus solide, qu'on est obligé de le faire moins gros.

Après la scie à refendre, les Layetiers se servent de celle appelée communément scie à tourner. Cette scie, représentée (*Fig.* 6), a environ 2 à 2 pieds & demi de hauteur pris intérieurement; elle est composée de deux bras de 12 à 14 pouces de longueur, & d'un sommier assemblé avec ces derniers, à environ les trois cinquiemes de leur longueur pris du devant, c'est-à-dire du côté de la lame. Cette derniere est arrêtée avec deux goujons ou tourillons de fer *e f*, qui passent au travers des deux bras de la scie sur lesquels leurs têtes portent; ces tourillons sont ronds par leur coupe, afin qu'ils puissent tourner librement pour incliner plus ou moins la denture de la scie selon ce qu'il est nécessaire; ce qui se fait en prenant d'une main le tourillon & la partie de la lame qui y est attachée, & en frappant de l'autre avec le marteau sur le bras de la scie, qui, en cédant à l'effort du coup, laisse au tourillon la liberté de tourner.

Cette maniere de faire changer d'inclinaison à la lame des scies à tourner, est la plus usitée; mais elle a le défaut de nuire à la solidité, ou, pour mieux dire, à la conservation des bras, que les coups de marteau gâtent & font éclater quelquefois. C'est pourquoi il vaut mieux y mettre des tourillons dont la tête soit faite en forme de piton, d'après le collet qui porte sur le bras de la scie, parce qu'au moyen de cet anneau & d'une broche de fer, on tourne le tourillon comme & autant qu'on le juge à propos, sans être obligé de frapper sur le bras de la scie.

La scie à tourner, ou, pour mieux dire, sa lame, est tendue par le moyen d'une corde qui est attachée à l'extrémité d'un de ces bras, & qui de celui-ci passe sur l'autre en faisant trois révolutions au moins; & pour augmenter cette tension, on passe au milieu de la longueur de la corde une petite piece de bois *g*, nommé garrot, qu'on fait tourner plusieurs tours sur elle-même, & par conséquent la corde avec elle, ce qui diminue la longueur de cette derniere, & tend la scie autant qu'il est nécessaire pour qu'elle ne ploye pas lorsqu'on en fait usage.

L'extrémité du garrot porte ordinairement sur le sommier; mais il vaut mieux la faire entrer dans une mortoise faite sur l'épaisseur de ce dernier, parce que le garrot étant ainsi placé, est moins sujet à s'échapper, & à blesser ceux qui tiennent la scie, comme cela arrive quelquefois.

Les Layetiers ont deux ou trois scies à tourner de différentes grandeurs, dont ils font usage selon que la grandeur & la nature de l'ouvrage l'exigent; mais, quoique différentes en grandeurs, elles sont toujours construites de la même maniere, c'est pourquoi je n'en parlerai pas davantage.

La grandeur des dents des scies varie, selon celle de ces dernieres, aux scies à refendre; elles ont jusqu'à 4 lignes d'ouverture, & aux scies à tourner, depuis 1 jusqu'à 2 & même 3 lignes, & plus elles sont grandes, & plus on leur donne de croc, c'est-à-dire d'inclinaison en contre-bas, ou du côté opposé à celui par lequel on tient la scie, ce qui est la même chose. Pour que les scies passent plus librement, on leur donne de la voie, ce qui se fait en écartant un peu leurs dents d'un côté & de l'autre de leur épaisseur, & cela alternativement & en raison de la grandeur des dents, en observant toutefois de ne les pas déverser assez pour que l'épaisseur intérieure d'une dent laisse du vide entre elle & l'intérieur de celle qui la précede, parce qu'une scie ainsi dévoyée ne pourroit plus aller, & s'engageroit infailliblement dans le bois.

Il faut aussi faire attention que la voie d'une scie soit égale, c'est-à-dire que les dents soient également déversées des deux côtés, parce qu'autrement la scie n'iroit plus droite, mais elle dévoyeroit du côté où les dents seroient le plus déversées.

Il ne faut presque pas donner de voie aux scies qui sont extrêmement fines, parce que quand la lame est bien faite, elle est plus épaisse sur le devant ou côté de la denture, ce qui suffit pour en faciliter le passage. Cette observation est générale pour toutes les lames des scies, qu'il faut toujours choisir plus minces du derriere que du devant, & bien égales dans toutes leurs longueurs.

On donne de la voie aux scies avec un outil nommé tourne-à-gauche, représenté (*Fig.* 7, cote G), lequel n'est autre chose qu'un morceau de fer plat (quelquefois monté dans un manche de bois), où sont faites des entailles de différentes épaisseurs pour servir à des scies plus ou moins épaisses.

Les dents des scies s'aiguisent, ou, comme disent les Ouvriers, s'affûtent avec une lime nommée tiers-point, représentée (*Fig.* 7, cote H). Cette lime est triangulaire par sa coupe, & est montée dans un manche de 4 à 5 pouces de longueur.

Quand on affûte une scie, on place sa lame dans une entaille (cotée 1, *Fig.* 7), laquelle s'arrête sur l'établi par le moyen d'un valet, & à mesure qu'on a limé une longueur de la scie, on la fait avancer dans l'entaille dont on desserre le coin pour cet effet, & on le resserre ensuite, en observant que la scie déborde le nu de l'entaille d'une ligne ou deux de plus que la profondeur des dents.

Lorsqu'on lime une scie, il faut avoir soin que toutes les dents soient d'une hauteur bien égale, qu'elles se dressent parfaitement dans toute la longueur de la lame, & qu'elles soient limées perpendiculairement à sa surface. Il faut limer chaque dent en commençant par celle du haut, qui doit être à gauche de l'Ouvrier, & on ne doit ôter du fer de la lame que ce qui est nécessaire pour rendre la pointe des dents bien unie; & quand elles sont toutes affûtées, on passe légérement la lime sur le plat de la scie, pour ôter les bavures qu'on a faites en la limant.

Il y a des Layetiers qui ne liment pas leurs scies eux-mêmes, mais qui les font limer par des Ouvriers qui passent chez eux de temps en temps, ce qui, à mon avis, est très-incommode.

D'autres liment leurs scies eux-mêmes, mais ne se servent pas d'entailles à limer les scies dont j'ai parlé ci-dessus, se contentant de donner un coup de scie dessus l'angle de l'établi dans lequel ils font entrer la scie pour la limer, ce qui ne vaut rien, parce que non seulement cela gâte l'établi, mais encore parce que les scies ne peuvent pas tenir solidement, & qu'il est de plus très-mal aisé de les bien affûter étant ainsi placées.

La *Fig.* 8 représente une enclume à bigorne, montée sur un billot d'environ 18 pouces de hauteur, afin qu'on puisse travailler dessus étant assis. Cette espece d'enclume est très-commode, tant pour redresser des pieces de tôles, que pour les ployer & les arrondir, l'une de ces pointes ou bigornes étant carrées, & l'autre ronde, & ayant un trou à la naissance de la premiere, dans laquelle on peut percer la tôle lorsqu'on le juge à propos.

Tous les Layetiers ne font pas usage de cette seconde espece d'enclume; cependant il n'est guere possible de s'en passer, vu sa grande utilité.

Le valet (*Fig.* 9) est un outil tout de fer, dont la partie droite se nomme la tige, & la partie recourbée la patte. La tige est ronde par sa coupe, & a 10 à 12 lignes de diametre, en diminuant un peu par son bout inférieur; la patte est ceintrée en S, & carrée par sa coupe, en diminuant d'épaisseur à mesure qu'elle s'éloigne de la tige, de maniere qu'elle n'a tout au plus qu'une ligne & demie ou deux lignes à son extrémité qui vient en s'élargissant, & forme, à proprement parler, ce qu'on nomme la patte du valet qui n'est ainsi amincie que pour être plus élastique, & se prêter mieux pour arrêter l'ouvrage sur l'établi, ou quelque autre chose que ce soit.

Lorsqu'on veut faire usage du valet, on le place dans le trou de l'établi, & on pose l'extrémité inférieure de sa patte sur la piece qu'on veut arrêter sur ce dernier, après quoi on frappe avec le maillet sur la tête ou extrémité supérieure de la tige du valet, jusqu'à ce qu'on s'apperçoive que la piece soit arrêtée solidement. Quand on la veut retirer, & par conséquent desserrer le valet, on frappe sur sa tige un peu en dessous de la tête, & en ne levant le le coup, où bien sur cette même tige & en sens contraire de la premiere maniere.

Pour qu'un valet soit bon, il faut qu'il soit fait avec du fer très-doux, qu'il soit forgé d'une seule piece, & que sa tête soit très-forte, afin qu'il ne se casse pas facilement à cet endroit, ce qui arrive souvent quand les valets ne sont pas faits avec toutes ces précautions.

Il y a des valets de différentes grandeurs; mais celle qui est la plus ordinaire est de 17 à 18 pouces de longueur de tige, & de 8 à 10 pouces pour la lie de leurs pattes.

Le marteau des Layetiers, représenté (*Fig.* 10), est d'une moyenne grosseur; sa tête *i* est ronde sur sa face, & sa panne *h* est large & applatie, & droite sur sa face, comme on le peut voir dans la *Fig.* 10, où ce marteau est vu de face & en dessus. Le maillet (*Fig.* 11.) n'est autre chose qu'un morceau de bois d'orme ou de frêne de 6 à 7 pouces de longueur, 3 à 3 pouces & demi d'épaisseur, & environ 4 pouces de hauteur; il est coupé un peu en biais des deux bouts perpendiculairement à sa face, ses angles sont arrondies, & il est monté d'un manche de bois liant & dur de 6 à 8 pouces de longueur pris du dessous, comme on le peut voir dans cette Figure.

Le maillet sert à serrer & à desserrer le valet, & à monter des ouvrages où le marteau n'auroit pas assez de coup, ou bien où il y auroit à craindre qu'il ne fasse des meurtrissures, & autres usages dont je ferai mention ci-après. La *Fig.* 12 représente une hache: cet outil sert aux Layetiers pour dégrossir & mettre à peu près de largeur certaine piece de bois. La hache a environ 9 pouces de longueur sur 6 dans sa plus grande largeur; son taillant forme un arc de cercle dont le centre est à peu près au devant de la mortoise, ou œil dans lequel le manche est placé; cet outil n'a qu'un biseau, & le côté de la planche est uni dans toute sa longueur, l'épaisseur que forme l'œil étant toute en saillie du côté où est le biseau, comme on le peut voir à cette *Fig.* cote M, où la hache est vue sur son épaisseur.

Le biseau de la hache est sur sa face droite, afin qu'en tenant le manche de la main droite, comme c'est l'usage, la partie de la hache qui est lisse, glisse contre la piece de bois qu'on tient de la main gauche: le manche de la hache a 12 à 15 pouces de longueur sur 1 pouce & demi de largeur par le bas; il est sur plat par sa coupe, pour qu'il tienne plus solidement dans la main de celui qui en fait usage.

En dessous de la hache est une petite entaille *l*, qui sert à accrocher cette derniere à un clou à crochet qui est placé sous l'établi ou contre la muraille.

La *Fig.* 13 représente un ciseau: cet outil est composé d'un manche de bois de 4 à 5 pouces de longueur, & du ciseau proprement dit. Le ciseau est tout de fer & garni, ou, pour mieux dire, doublé d'une lame d'acier qui y est soudée du côté où il n'y a pas de biseau, & qu'on nomme la planche du ciseau. Le biseau ou chanfrein qui donne naissance au taillant de l'outil, est du côté opposé à la planche, & il y a deux chanfreins sur les rives de ce côté, afin que celui qui tient le ciseau ne se blesse pas les mains en maniant ce dernier. L'extrémité opposée au tranchant du ciseau est terminée par une pointe ou tige qu'on nomme ordinairement soie, laquelle entre dans le manche du ciseau; & pour qu'elle ne fasse pas fendre ce dernier lorsqu'on frappe dessus, il y a une saillie réservée entre la soie & le ciseau, sur laquelle le manche porte: cette saillie se nomme base ou embase, en terme d'Ouvrier. Voyez la *Fig.* 14, où le ciseau (*Fig.* 13) est représenté tout démanché, vu de côté, & du double plus grand que ce dernier. Il y a des ciseaux de différentes largeurs, depuis 2 à 3 lignes jusqu'à un pouce & demi & même davantage, & les Layetiers font usage des uns & des autres, selon leurs différens besoins.

Le ciseau sert à couper particuliérement le bois debout, à faire des entailles & diverses sortes d'ajustemens; & quand le bois qu'on coupe avec cet outil est trop dur ou d'une épaisseur un peu considérable, on frappe sur son manche avec le maillet, & jamais avec le marteau, parce qu'il feroit fendre ce dernier, c'est-à-dire le manche du ciseau.

Les Layetiers font usage de regles de différentes grandeurs pour prendre des mesures, ou pour marquer leur bois à refendre; mais celle dont ils se servent le plus communément, représentée (*Fig.* 1), n'a que deux pieds de longueur, & est divisée sur longueur de 3 en 3 pouces au moins: ces divisions sont marquées avec des clous dorés, ce qui les rend très-apparentes, comme on le peut voir dans cette Figure.

Ils se servent aussi de compas de fer (*Fig.* 15), dont les branches ont 8 à 10 pouces de longueur. Comme cet outil est très-connu, je n'en ferai aucune description.

Les *Fig.* 16 & 19 représentent deux triangles que les Layetiers nomment équerres; ils sont composés d'une tige N, & d'une lame O (*Fig.* 16.) qui est assemblée dans cette derniere.

La tige doit être plus épaisse que la lame d'environ 6 lignes, afin de la déborder de 3 lignes de chaque côté; la lame doit avoir au moins 3 lignes d'épaisseur, & être faite de bois dur & bien de fil, afin qu'elle s'use difficilement.

Quand les équerres sont d'une certaine grandeur, comme de 2 à 3 pieds de lame, il doit y avoir entre cette derniere & la tige une écharpe P, pour empêcher que l'équerre ne se dérange.

Les équerres servent à équarrir l'ouvrage, ou, pour mieux dire, à conduire le compas ou la pierre noire avec laquelle les Layetiers tracent leur ouvrage.

La pierre noire (*Fig.* 20.) est une espece de terre fossille, ou charbon de terre, qui sert à marquer les différentes pieces d'un ouvrage, selon la place qu'elles doivent occuper; elle se conserve long-temps dans un lieu un peu humide, mais elle se durcit à la chaleur & au grand air qui la fait fendre par feuilles.

La *Fig.* 17 représente un outil nommé pied de

biche ; c'eſt une eſpece de poinçon de fer dont l'extrémité inférieure eſt recourbée & fendue au milieu de ſa largeur, qui eſt évidée preſque à vive arête. Cet outil, dont peu de Layetiers ſe ſervent, eſt cependant très-utile pour arracher les clous ſans tête qui ſe trouvent dans les bois de bateau, & qu'ils doivent avoir grand ſoin d'ôter avant que de dreſſer leur bois, ſoit au riflard ou à la colombe, ſans quoi ils courroient riſque de gâter les fers de ces outils.

Quand on veut faire uſage du pied de biche, on le prend de la main gauche, & de la droite on frappe ſur ſa tête avec le marteau pour le faire un peu entrer dans le bois, juſqu'à ce que le clou ſoit ſuffiſamment pris entre les deux parties du pied de biche; après quoi on le renverſe de gauche à droite, ce qui le fait relever du bout inférieur, & par conſéquent emporter le clou : ce qu'on ne pourroit pas faire avec des tenailles, à moins que de faire une grande entaille dans le bois.

Ces dernieres, c'eſt-à-dire les tenailles, ſont repréſentées (*Fig.* 18.). Celles dont les Layetiers font uſage ne different pas des tenailles ordinaires, ſi ce n'eſt qu'il eſt bon que l'extrémité de leurs mords ou mâchoires ſoit aſcérée & taillée en biſeau en deſſous, afin de pouvoir aiſément couper des pointes & du fil de fer. Pl. 2. Les Layetiers dreſſent & corroient (ou comme ils diſent plus communément) raſent les bois qu'ils emploient à la conſtruction d'une partie de leurs ouvrages ; ce qu'ils font avec le riflard & la colombe, qui ſont deux outils à fût dont je vais faire la deſcription.

Le riflard ou galere, repréſenté *Fig.* 1, 2, & 3, eſt une eſpece de rabot dont le fût a environ 1 pied de longueur ſur 4 pouces de hauteur & 3 à 3 pouces & demi d'épaiſſeur ; il eſt percé à peu près aux deux tiers de ſa longueur d'une ouverture nommée lumiere, dans laquelle on place le fer & le coin qui l'arrête dans le fût.

La lumiere eſt très-étroite par le bas du fût, & n'a préciſément de largeur que ce qui eſt néceſſaire pour placer le fer & donner paſſage au copeau, comme on le peut voir à la *Fig.* 4, qui repréſente la coupe longitudinale du riflard, & à la *Fig.* 6, cote B, qui repréſente ce même outil vu en deſſous.

La lumiere vient en s'élargiſſant par le haut en forme d'entonnoir, tant pour y placer le coin qui y eſt arrêté dans un ravalement fait à part, que pour faciliter la ſortie des copeaux, qui, ſans cette précaution, s'engorgeroient dans l'outil. Voyez la *Fig.* 4 & la *Fig.* 6, cote A, qui repréſentent ce dernier vu en deſſus.

Comme le fût du riflard eſt très-épais, il ſeroit difficile de le bien empoigner du derriere lorſqu'on en fait uſage; c'eſt pourquoi on diminue cette épaiſſeur par un ravalement, dans lequel on fait entrer le pouce de la main droite avec laquelle on tient le derriere de l'outil, comme on le peut voir à la *Fig.* 3 & à la *Fig.* 6, cote A. Sur le devant du riflard s'éleve une poignée de 3 à 3 pouces & demi de hauteur & d'un bon pouce & demi de diametre. Cette poignée eſt un peu inclinée de gauche à droite, & ſur le devant de l'outil, afin de moins gêner la main gauche avec laquelle on l'empoigne, & elle eſt ſolidement aſſemblée dans le riflard, comme on le peut voir à la *Fig.* 4.

Le fer du riflard, repréſenté en coupe *Fig.* 4, & de face *Fig.* 5, a deux à deux pouces & demi de largeur, 6 à 7 pouces de longueur, & environ 2 lignes d'épaiſſeur par le bout le plus épais, qui eſt celui du tranchant. Ce fer eſt comme le ciſeau dont j'ai parlé ci-deſſus, aſcéré d'un côté, qu'on nomme également la planche. Le taillant de ce fer doit être un peu rond en deſſous, ſur-tout pour les gros riflards, afin qu'il coupe plus facilement le bois.

Le coin du riflard, *Fig.* 4 & 2 (où il eſt repréſenté vu de face), eſt, ainſi que le corps du fût, fait de bois dur & liant, comme du ſauvageon ou du cormier, ce qui eſt encore mieux ; il eſt évidé dans ſa partie inférieure en forme d'arcade pour faciliter le paſſage des copeaux, de maniere qu'il n'y a que ces deux côtés qui portent ſur le fer, ce qui eſt ſuffiſant pour arrêter ce dernier. Le coin s'arrête en place en frappant légérement deſſus, & quand on veut le retirer ainſi que le fer, on frappe avec le marteau à bois debout ſur le derriere du riflard, & le contre-coup en ébranlant les fibres du bois, fait reſſortir le coin qui doit être juſte dans la lumiere, & ſerré un peu plus du bas que du haut ſur tous les ſens, mais ſur-tout ſur la largeur, afin qu'il ne ſe gliſſe pas de copeaux entre ſes branches & les côtés de la lumiere, comme cela arriveroit ſi le coin étoit plus étroit que cette derniere.

Les Layetiers ont pluſieurs riflards de différentes grandeurs; celui dont je viens de faire la deſcription, eſt de la plus grande eſpece, & ſert pour les gros ouvrages; les plus petits, qui, à proprement parler, ne ſont que des rabots de Menuiſier (quoique faits en riflards), n'ont que 8 à 9 pouces de longueur ſur une hauteur & une épaiſſeur proportionnée, & leurs fers ſont affûtés moins ronds.

La colombe repréſentée (*Fig.* 14.), eſt une eſpece de grande verlope portée ſur quatre pieds comme un banc, & dont le fer eſt dans une ſituation renverſée, c'eſt-à-dire qui a le tranchant en deſſus.

La longueur de la colombe eſt de 5 à 6 pieds, & ſa groſſeur de 6 pouces carrés ; elle eſt élevée de terre de 18 à 19 pouces ſur des pieds de chêne ſolidement aſſemblés dans un chapeau (*ab*, *Fig.* 16.) de même bois, & d'un bon pouce & demi d'épaiſſeur ſur 5 pouces de largeur & 15 pouces de longueur.

L'écart des pieds eſt retenu par une entre-loiſe *c*, dans laquelle eſt aſſemblée d'un bout une écharpe *d e*, qui eſt aſſemblée de l'autre dans le chapeau *a b*, afin que lorſqu'on fait uſage de la colombe, les pieds ne puiſſent ſouffrir aucun ébranlement.

Le chapeau *a b* eſt embreuvé dans le deſſous de la colombe d'environ 6 lignes de profondeur, ce qui eſt ſuffiſant, & y eſt arrêté avec quatre bonnes vis à bois, pour avoir la facilité de démonter les pieds, ſuppoſé qu'on ait quelque choſe à faire à la colombe, ſoit pour la redreſſer, ou autrement.

Les pieds de la colombe ſont un peu évaſés par

le bas, pour lui dönner plus d'affiette. Cependant il ne faut pas que cet évasement soit plus considérable qu'un pouce de chaque côté pris du nu extérieur de la colombe, parce qu'il nuiroit aux pieds de ceux qui travaillent sur cette derniere. Voyez la *Fig.* 15 qui représente la colombe vue par le bout, & la *Fig.* 17 qui en représente la coupe prise à l'endroit de la lumiere.

Cette derniere est semblable à celle du riflard, du moins à la grandeur près, & elle est placée au milieu de la longueur de la colombe du côté du dessus.

Le fer de la colombe a 4 pouces de largeur & 8 à 9 de longueur, & est au reste semblable à celui du riflard, dont j'ai déjà parlé ci-dessus.

Le coin est aussi semblable à celui du riflard, excepté que sa partie supérieure (*f*, *Fig.* 6.) est entaillée dans toute sa largeur, afin de pouvoir frapper avec le marteau dans cette entaille lorsqu'on veut tirer le coin de la colombe, soit pour affûter le fer, ou autrement.

Il y a des Layetiers qui mettent un couvercle à leur colombe, lequel n'est autre chose qu'une planche mince (*g h*, *Fig.* 15.), attachée sur le côté de cette derniere avec trois ou quatre liens de cuir qui lui servent de charniere. A l'extrémité du bout de cette planche est attaché un petit tasseau qui sert de rebord à ce couvercle, & l'empêche de se déranger de place quand il est sur la colombe; ce qui est très-nécessaire, parce que les Layetiers ont pour habitude de couper leur bois, & de s'asseoir sur cette derniere, comme je le dirai ci-après.

Tous les Layetiers ne couvrent pas ainsi leurs colombes, en quoi ils ont très-tort, parce que ce couvercle ou dessus en conserve la surface, & qu'ils ne sont pas eux-mêmes exposés à se blesser avec le fer de la colombe lorsqu'ils s'assoient dessus. Les Layetiers font encore usage de deux autres outils à fût, savoir, d'un feuilleret (*Fig.* 8.) qu'ils nomment improprement rainoire, & d'un bouvement simple (*Fig.* 11.), qu'ils nomment quart de rond (quoique ce dernier outil soit différent de l'autre, du moins pour la forme de la moulure qu'on fait avec ces deux outils).

Le feuilleret (*Fig.* 8.) est composé d'un fût, d'un fer, & d'un coin. Le fût a 9 pouces de longueur sur trois pouces & demi de largeur, & 12 à 15 lignes d'épaisseur; le dessous de cet outil forme deux angles rentrans, & un angle saillant qui forme ce qu'on appelle la feuillure proprement dite, ainsi qu'on le peut voir à la *Fig.* 9, qui représente la coupe de cet outil. La lumiere du feuilleret est entaillée sur le côté de l'outil jusqu'à la profondeur de la feuillure, & même un peu davantage, afin que le fer soit un peu enterré d'après le conduit de l'outil, comme je l'ai indiqué par la ligne (*i l*, *Fig.* 9.). On nomme conduit ou conduite une partie excédente du fût d'un outil, soit en dessous, soit par le côté, comme dans celui-ci, laquelle sert à passer l'outil contre le bois, & empêcher qu'il ne descende plus qu'il ne faut.

Le fer du feuilleret, représenté vu des deux faces (*Fig.* 10.), est acéré d'un côté, comme ceux dont j'ai parlé ci-dessus, & il a un biseau par le côté pour qu'il coupe le bois net dans l'angle, & qu'il ne se dérange pas, ce qu'on appelle fuir. Au haut du fer est un petit crochet qui sert à le retirer quand il saillie trop le nu de l'outil qui alors a, comme disent les Ouvriers, trop de fer.

La *Fig.* 7 représente le coin du feuilleret vu de face, comme il est vu de côté (*Fig.* 8.). Ce coin est diminué à rien & en creusant, pour faciliter la saillie du copeau, & a par le haut une entaille faite soit sur sa face, comme aux *Fig.* 7 & 8, ou sur le côté, comme à la *Fig.* 11 (ce qui est la maniere la plus usitée de faire ces entailles), par le moyen de laquelle on retire ce coin pour affûter le fer.

Le feuilleret sert aux Layetiers pour faire les gorges ou ouvertures de certaines boîtes dont je parlerai dans la suite.

Les *Fig.* 11, 12 & 13 représentent l'élévation, la coupe & le fer d'un bouvement simple. Cet outil, quant à sa forme & construction, est semblable au feuilleret dont je viens de parler ci-dessus, dont il ne differe que par la forme sinueuse du taillant de son fer, & de la partie du fût qui correspond à ce dernier. Au reste, c'est la même chose, comme on peut s'en convaincre par la seule inspection des Figures, c'est pourquoi je n'en parlerai pas davantage. Le fût des deux outils dont je viens de parler, pour être bon, doit être fait avec du bois sec & d'une qualité dure & ferme, tels que le sauvageon & le cormier (sur-tout le dernier), qui, pour conserver long-temps sa forme, ne sauroit être fait avec du bois tendre.

Quand on fait usage de ces deux derniers outils, on arrête le bois sur l'établi par le moyen du valet, & le bout de la piece contre le crochet, puis on saisit le derriere de l'outil avec la main droite, & de la gauche on le tient un peu au delà du fer, en appuyant les doigts contre le plat de l'outil & le pouce par-dessus, afin de le tenir ferme & droit. Quand c'est le quart de rond qu'on pousse, on fait auparavant un chanfrein sur l'arête du bois avec le riflard, afin que l'outil ait moins de bois à ôter. Quant à la position du corps, c'est la même que quand on fait usage du riflard. Voyez ci-dessous cet article.

Pl. 3. La *Fig.* 1 représente un vilebrequin, outil dont les Layetiers font usage pour percer différentes parties de leurs ouvrages. Le vilebrequin est composé d'un fût & d'une meche avec sa boîte; le fût *b c d* est un morceau de bois (ordinairement de noyer) d'un pouce & demi d'épaisseur, 9 pouces de longueur, & 5 pouces de largeur. Ce morceau de bois est évidé en dedans, & la partie montante *c* est arrondie pour tourner facilement dans la main. Les deux retours *b d*, qui sont carrés par leur corps, sont percés, savoir, celui du haut pour faire passer la queue ou goujon de la tête *a* du vilebrequin, & celui du bas *d* pour placer celle de la boîte *e*.

La tête ou poignée du vilebrequin a environ trois pouces de hauteur; elle est tournée d'une forme large & applatie par le haut; sa partie inférieure forme une espece de vase, dont la base (du centre de laquelle sort un goujon) porte sur le fût du vilebrequin au travers duquel le goujon passe.

Ce goujon a une tête ou bouton à son extrémité inférieure, qui l'empêche de sortir du fût du vilebrequin, & son extrémité supérieure est collée avec la tête de ce dernier, dans laquelle il entre d'un bon pouce & demi au moins.

La boîte du vilebrequin, ou, pour mieux dire, de la meche, est un morceau de bois carré, d'une grosseur égale à l'épaisseur du fût; il est terminé par une espece de tenon ou tige carré de 8 à 9 lignes de grosseur, lequel tenon entre dans la partie du fût *d*, & y est arrêté par le moyen d'une cheville qui passe au travers de cette partie du fût & du tenon de la boîte, comme on le peut voir dans la *Fig.* 1.

La boîte (*Fig.* 2.) differe de celle dont je viens de parler, en ce que son tenon est évidé au milieu d'environ le tiers de son épaisseur, & que d'après la hauteur du fût il y a deux mantonnets réservés à l'extérieur & d'après l'épaisseur du tenon, de maniere que, pour faire entrer ce dernier dans le fût, il faut nécessairement qu'il ploye en dedans jusqu'à ce qu'étant à sa place, les deux mantonnets passent par-dessus le fût, & y arrêtent la boîte d'une maniere assez solide.

Les meches (*Fig.* 1 & 2.) sont de petits cylindres d'acier, dont la partie supérieure est terminée par une partie large & plate, laquelle entre dans la boîte dont je viens de parler, & y est arrêtée à demeure d'une maniere stable. La partie inférieure de la meche est évidée d'un côté, & son extrémité recourbée & un peu alongée de droite à gauche, en la regardant, du moins aux meches ordinaires. C'est cette petite avance en forme de lentille qu'on nomme particuliérement la meche. Ces sortes de meches sont bonnes pour les bois durs; mais pour les bois tendres, on se sert de meches, comme celle représentée (*Fig.* 7.), nommées communement meches de Tourneurs. Ces meches ont cela de commode, qu'elles éclatent moins le bois que les autres, dont elles different en ce qu'elles sont rondes par leur extrémité inférieure, & qu'elles ne sont pas inclinées d'aucun côté, ou, pour mieux dire, qu'elles n'ont pas de meches.

En général, les meches doivent être dégagées, c'est-à-dire un peu moins grosses du haut que du bas, & avoir leurs arêtes bien vives pour qu'elles coupent plus net.

Quand on veut faire usage du vilebrequin, on saisit sa tête de la main gauche avec laquelle on appuie dessus, en y joignant quelquefois le menton pour lui donner plus de poids, & de la main droite on prend le montant du fût qu'on fait tourner en dehors du corps & de gauche à droite, en observant, quand on fait un trou un peu profond, de retirer la meche de temps en temps pour faire sortir le copeau, & pour graisser cette derniere pour qu'elle tourne plus facilement dans le bois, & que la trop grande chaleur ne leur fasse pas de tort.

Les Layetiers se servent aussi de vrilles pour percer leurs ouvrages. Cet outil, représenté (*Fig.* 3.), est un petit cylindre d'acier, disposé à peu près comme une meche, à l'exception que son extrémité inférieure est terminée en forme de vis ou tirebour.

Le manche de la vrille est disposé en forme d'olive alongée, pour tenir plus facilement dans la main, comme on le peut voir dans cette Figure.

La *Fig.* 4 représente un poinçon. Cet outil est de fer ascéré par son extrémité inférieure qui est ronde par sa coupe, & un peu conique, c'est-à-dire diminuée du bout. Cet outil a environ 6 pouces de longueur, & sert à percer la tôle, comme je l'expliquerai dans la suite.

La *Fig.* 5 représente une espece de pince que les Layetiers nomment plioir. Les extrémités des branches de cette pince sont terminées par deux petits cylindres un peu coniques, dont l'intérieur est un peu applati & taillé en forme de lime. Ces cylindres ont une ligne à une ligne & demie de diametre par leur extrémité la plus mince, sur 8 à 9 lignes de longueur, & ils sont disposés de maniere qu'il y a une bonne demi-ligne de distance entre eux lorsque la pince est tout à fait fermée.

Cette pince ou plioir a 6 pouces de longueur, & elle sert particuliérement aux Layetiers pour faire les charnieres & les crochets de leurs boîtes, & autres ouvrages de cette espece.

Les Layetiers font aussi usage de rapes en bois, représentées (*Fig.* 8). Cet outil est une espece de lime plate d'un côté, & bombée de l'autre, & qui, au lieu de taille ou sillon comme à ces dernieres, est semée de petits trous dont la bavure relevée coupe & use le bois. Cet outil est garni d'un manche de 4 à 5 pouces de longueur, comme on le peut voir dans cette Figure.

La Figure 9 représente une lime de taille d'Allemagne. Cet outil, dont je ne ferai aucune description, est très-nécessaire aux Layetiers pour ajuster les différentes parties de leurs ouvrages; c'est pourquoi il est bon qu'ils en aient plusieurs de différentes formes & grosseurs.

Il seroit bon aussi qu'ils eussent un étau à patte, cet outil leur seroit très-commode; mais ils s'en passent pour la plupart, & cela par la raison que ce n'est pas l'usage, en quoi ils ressemblent à beaucoup d'autres Ouvriers qui sacrifient leurs commodités & la perfection de leurs ouvrages à leurs coutumes bonnes ou mauvaises.

La *Fig.* 10 représente un outil nommé poinçon ou perçoir; ce n'est autre chose qu'un bout de lame d'épée à trois côtes, montée dans un manche de bois. Ils font usage de cet outil pour percer les bois tendres & minces.

La *Fig.* 11 est une autre espece de poinçon qui differe du premier, en ce que sa lame est plate & coupante des deux côtés, & un peu arrondie par le bout. Ce poinçon sert à percer les ouvertures des dessus de boîtes par lesquelles passent les pitons ou gâches des crochets qui les ferment, &c.

La *Fig.* 6 représente des cisailles. Cet outil est tout de fer, & ascéré à l'endroit des tranchans. Il sert aux Layetiers pour couper la tôle & les pointes. Il y a des cisailles de plusieurs grandeurs; celles

représentées

repréſentées ici ont 18 pouces de longueur; ce ſont les plus petites dont les Layetiers font uſage. Celles dont ils ſe ſervent ordinairement ont deux pieds de longueur; mais elles ſont en tout ſemblables à celles-ci.

Les Layetiers placent les ciſailles perpendiculairement dans le bout d'un établi, comme, par exemple, celui C (*Fig.* 6.), & ils preſſent & font mouvoir la branche mobile avec le genou droit, de maniere qu'ils ont les deux mains parfaitement libres. Les ciſailles s'ouvrent d'elles-mêmes, vu l'inclinaiſon de la branche immobile B, en dehors de l'établi.

Tous les outils à tranchans s'aiguiſent, ou, comme diſent les Ouvriers, s'affûtent ſur un grès moyennement dur qu'il faut mouiller de temps en temps, ainſi que l'outil qu'on frotte ſur le grès du côté du biſeau juſqu'à ce qu'on s'apperçoive que ce dernier eſt bien droit, & que le taillant eſt atteint, & qu'il s'y fait une petite barbe du côté de la planche, ce qui s'appelle le morfil. On ôte ce morfil en paſſant la planche de l'outil ſur le grès bien à plat, & en la frottant légérement deſſus du côté du tranchant, en obſervant de ne pas faire un biſeau de ce côté, puis on retourne le fer du côté du biſeau pour en faire autant, ce qu'on recommence alternativement des deux côtés juſqu'à ce qu'on s'apperçoive qu'il n'y a plus de morfil. Pour rendre le tranchant des outils plus fin, on fait uſage d'une affiloire. C'eſt une pierre griſâtre, parſemée de points brillans comme de l'argent : on mouille cette pierre comme le grès, & on la paſſe ſur le tranchant des outils & des deux côtés après les avoir affûtés ſur le grès. Ces affiloires ſervent particuliérement à affûter le bouvement ſimple ou quart de rond, & pour cet effet on les fixe dans un morceau de bois qu'on arrête avec le valet. Le grès des Layetiers n'eſt pas arrêté à demeure dans aucun endroit de leurs boutiques; mais ils le placent dans une eſpece d'auge de bois, qu'ils poſent ſur l'établi lorſqu'ils veulent affûter leurs outils; ce qui, à mon avis, n'eſt pas bien, parce que, pour affûter comme il faut, le grès doit être mouillé abondamment, ce qu'on ne peut faire que quand il eſt placé de maniere qu'on puiſſe jeter de l'eau deſſus ſans être en danger de rien gâter.

Voilà à peu près tous les outils dont les Layetiers font uſage, du moins pour les ouvrages qu'ils font le plus communément. Il en eſt encore quelques autres dont je ferai mention dans la ſuite, en parlant des ouvrages où ils ſont néceſſaires. Quant à ceux-ci (c'eſt-à-dire ceux dont je viens de faire la deſcription), ſi je ne me ſuis pas beaucoup étendu touchant le détail de leurs conſtructions, c'eſt que les Layetiers ne ſont pas dans l'uſage de les faire eux-mêmes, & qu'ils les achetent tout faits chez les Marchands Clincaillers ou chez les Menuiſiers, & autres Ouvriers qui ont coutume de les faire. De plus, quant à ce qui regarde la conſtruction des outils de Menuiſiers, dont les Layetiers font uſage, on pourra avoir recours à l'Art du Menuiſier, où j'ai détaillé ces outils avec beaucoup d'exactitude, tant par rapport à leurs formes & dimenſions générales & particulieres, que par rapport à la maniere de les conſtruirre.

§. I. *De la maniere de travailler les bois relativement aux ouvrages de Layeterie.*

Les ouvrages de Layeterie ſont en aſſez grande quantité; mais les Layetiers de Paris ne les font pas tous eux-mêmes, les tirant pour la plupart de Province, d'où on les apporte à Paris ſous le nom général de marchandiſes foraines; d'autres ſont faits à Paris, mais par des Ouvriers ſans qualité, & qui ne s'occupent que de quelque eſpece d'ouvrages particuliers, comme des ratieres, des ſouricieres, &c. D'autres ouvrages enfin ſont faits par les Layetiers; & c'eſt principalement de la conſtruction de ceux-ci dont je vais traiter, réſervant de parler de la conſtruction des ouvrages étrangers lorſque je ferai la deſcription de ces mêmes ouvrages.

Les Layetiers ſont quelquefois dans la néceſſité de refendre leurs bois ſur la largeur, comme je l'ai dit ci-deſſus. Alors, quand le bois eſt un peu épais, ils ſe ſervent de la ſcie à refendre, & ils placent la piece qu'ils veulent refendre ſur le bout inférieur de l'établi, qu'ils lui font excéder d'environ un pied; ce qui étant fait, un Ouvrier prend la ſcie des deux mains par les deux bras ou montans vers le tiers inférieur de leur longueur; en même temps un autre Ouvrier monte ſur l'établi, & par conſéquent ſur la piece à refendre, qu'il arrête ſur ce dernier par la peſanteur de ſon corps, & il ſaiſit des deux mains la cheville qui eſt à l'extrémité de l'étrier ou boîte de la ſcie à refendre, comme le repréſente la *Fig.* 12. Dans cet état, ils font mouvoir la ſcie de haut en bas, en obſervant de la tenir un peu inclinée de haut vers l'établi, & de n'appuyer deſſus qu'en deſcendant, & au contraire la ſoulager en remontant.

Il faut auſſi que celui qui refend en bas écarte ſuffiſamment les jambes pour que la monture du châſſis de la ſcie puiſſe paſſer entre, ſans quoi il ſeroit expoſé à avoir les jambes bleſſées par le ſommier du bas de cette derniere.

A meſure qu'on a refendu la longueur d'un pied ou environ, on avance la piece à refendre, & quand elle eſt d'une certaine longueur, on la retourne bout pour bout quand elle eſt refendue juſqu'à peu près la moitié, parce que ſi on ne prenoit pas cette précaution, le poids de la piece & ce qu'on appuie deſſus pour faire mordre la ſcie, pourroit bien enlever celui qui eſt monté deſſus, & le renverſer par terre.

Quand les bois ſont minces, on peut les refendre ſur la colombe avec la ſcie à tourner, comme je l'expliquerai ci-après.

Les Layetiers corroient, ou, pour mieux dire, blanchiſſent leur bois avec le riflard : pour cet effet, ils placent la piece à blanchir contre le crochet, & quand c'eſt du bois dur & épais, ils ſe ſervent du gros riflard dont le fer eſt un peu rond, afin qu'il prenne moins de largeur de bois à la fois. Après avoir ainsi dégrossi leurs bois, ils le terminent avec un plus petit riflard qui a moins de fer, & qui est placé plus droit. Quand on fait usage du riflard, on le tient par-derriere de la main droite, & de la gauche on saisit la poignée de devant, afin d'appuyer plus ou moins sur l'outil, & d'être en état de le relever du devant quand il est au bout de son coup.

Lorsqu'on pousse le riflard, il faut se tenir droit & ferme devant l'établi, la tête tournée vers le crochet, la jambe gauche tendue en avant, le pied peu distant de l'établi, & la pointe un peu en dehors; la jambe droite doit être un peu en arriere, le pied proche l'établi, & la pointe vis-à-vis de ce dernier.

Il faut toujours pousser le riflard devant soi, afin d'avoir plus de force, & se reculer autant qu'il est nécessaire, plutôt que de le retirer à soi. Voyez la *Fig.* 13, qui représente un Ouvrier occupé à blanchir une piece de bois. Quoique les ouvrages de Layeterie ne soient pas susceptibles d'une grande propreté, il faut toujours faire en sorte que le bois soit blanchi proprement, & qu'il soit droit & dégauchi, c'est-à-dire que tous les points de la surface ne soient pas plus élevés les uns que les autres; ce qu'on apperçoit en regardant la piece de côté, & de maniere qu'on n'en apperçoive que les deux arêtes, ou, pour mieux dire, que les deux se confondent en une seule, ce qui doit être quand la piece est bien dégauchie.

Quand la piece est blanchie sur le plat, on dresse le champ sur la colombe, ce qui se fait de la maniere suivante.

On se place à la gauche de la colombe vers le milieu de sa longueur, le corps en arriere du fer, dont la pente doit être opposée à l'Ouvrier, comme on le peut voir à la *Fig.* 14; puis on saisit des deux mains la piece qu'on veut dresser, & on la pousse devant soi, en observant de la tenir bien d'aplomb sur la colombe, & d'appuyer un peu sur cette derniere. Les deux mains doivent être placées proche l'une de l'autre, les doigts de la gauche en dedans, & ceux de la droite en dehors sur le plat de la piece, afin de la tenir toujours droite; & quand cette derniere est longue, on commence à la pousser du devant sur la colombe, autant que l'étendue du bras peut le permettre, après quoi on recule ses mains en arriere pour le faire avancer, ainsi de suite jusqu'à l'autre bout, sans que le corps change de place, du moins les pieds qui doivent être placés à peu près de la même maniere que quand on blanchit sur l'établi, comme on peut le voir à la *Fig.* 14.

Au moyen de la colombe, on dresse très-parfaitement le bois, à moins qu'il ne soit d'une longueur considérable, comme 10 à 12 pieds. Cet outil a de plus l'avantage d'accélérer la façon de l'ouvrage, & je ne sais pourquoi les Ouvriers des autres Professions n'en font pas usage.

La colombe sert encore aux Layetiers pour scier leur bois, soit à bois debout, soit à bois de fil. Pour cet effet, ils le placent à plat sur la colombe, & ils le tiennent ferme avec le pied gauche qu'ils posent dessus, ou avec le genou, comme cela arrive quelquefois. Quand les pieces sont longues, ils scient par le bout de la colombe, & quand elles sont courtes & d'une certaine largeur, ils scient par le côté, comme on le peut voir dans la *Fig.* 15. Ils refendent de même les planches minces sur la longueur, ce qui, je crois, n'a pas besoin d'explication.

Quand ils ont coupé les pieces à bois debout, & qu'elles se trouvent encore un peu longues ou peu droites, ils les terminent avec le riflard, ce qu'ils appellent raser une piece; nom qu'ils donnent généralement à l'action d'unir, dresser & affleurer quelque chose, soit à bois debout, comme dans le cas dont il s'agit maintenant, mais même à bois de fil, soit sur le plat ou sur le champ ou épaisseur du bois.

§. II. *Des ferrures des ouvrages de Layeterie; maniere de les construire & de les poser.*

Pl. 4. Les Layetiers ne font aucune espece d'assemblage à leurs ouvrages, comme je l'ai dit ci-dessus, mais ils en assujettissent les différentes parties avec des clous ou des liens de fil de fer, autrement nommé fil de Richard ou d'Archal, dont ils se servent aussi pour faire différentes ferrures, comme des charnieres, des crochets, &c. Les clous dont ils font usage sont de deux especes, savoir, ceux à tête (*Fig.* 6, 7 & 9.), & ceux sans tête (*Fig.* 8.). Les clous à tête (*Fig.* 6.) sont de différentes grosseurs, & les Layetiers les emploient en raison de celle des bois; ce sont ordinairement des clous nommés de bateaux, à cause qu'on les retire des planches qui ont servi à construire ces derniers. Ces clous sont de fer très-doux, leur tige est fine & déliée, ce qui fait qu'elle entre facilement dans les bois tendres sans les faire fendre. De plus, ils coutent moins cher que les neufs de pareille qualité, ce qui fait que les Layetiers les préferent pour construire la plus grande partie de leurs ouvrages. Ils font encore usage de petits clous à tête (*Fig.* 9.), qu'on nomme broquettes à tête plate, &, quand ils sont très-petits, semences; ces derniers leur servent particuliérement à arrêter la tôle dont ils garnissent quelques-uns de leurs ouvrages, comme les chaufferettes & autres.

La *Fig.* 7 représente une autre espece de clous, nommés clous d'épingle. Les Layetiers ne l'emploient qu'aux petits ouvrages faits avec du bois tendre, comme le peuple & le sapin, parce que s'ils les employoient à du bois ferme comme le chêne, & sur-tout le hêtre, ils les feroient fendre, vu le peu d'épaisseur qu'on donne à ces bois qu'on n'arrêtes ordinairement qu'avec des pointes.

Ces pointes (*Fig.* 8.) ne sont autre chose que du fil de fer coupé à la longueur convenable, ce qui se fait de la maniere suivante.

On coupe plusieurs bouts de fils de fer de longueur égale, comme, par exemple, environ 2 pouces, & après les avoir dressés, on les prend de la main gauche, en les disposant de maniere qu'ils se trouvent à côté les uns des autres ou à peu près. En cet état, on en fait entrer l'extrémité entre les cisailles, à la longueur qu'on veut que les pointes soient, & avec le genou droit on presse la branche mobile des cisailles, qui alors coupent les pointes qu'on tient de la main droite pour empêcher qu'elles ne tombent à terre. On recommence cette opération autant de fois que la longueur des fils de fer le peuvent permettre, ce qui, je crois, est très-aisé à comprendre. Quand on fait usage de ces pointes, on les enfonce dans le bois jusqu'à environ les trois quarts de leur longueur, après quoi on les rabat en dessus du bois en travers des fils, pour empêcher que ce dernier se retire, comme je l'ai indiqué par une ligne ponctuée (*a b*, *Fig.* 8.), & encore mieux à la *Fig.* 10, qui représente la coupe perspective de deux pieces ainsi attachées.

Ces pointes ont cela de commode, qu'elles défoncent plutôt qu'elles ne le percent, c'est pourquoi elles ne le font pas fendre. Des clous d'épingles sans pointes feroient le même effet; mais comme ils sont plus couteux, on n'en fait point usage.

Si les Layetiers ne font pas d'assemblage à leurs ouvrages, ils n'y font pas non plus de joints à rainures & languettes, de sorte qu'ils n'ont pas d'autres moyens pour arrêter les joints des planches, que d'y mettre des goujons de fer qui arrêtent les joints des planches. Ces goujons sont de deux sortes, savoir, les ronds & les plats; les ronds (*Fig.* 1.) ne sont autre chose que des pointes de fil de fer, pareilles à celles dont je viens de parler ci-dessus; & les plats (*Fig.* 2.) sont des pointes de Maréchal, ou autrement dit l'extrémité des clous dont ces derniers se servent pour ferrer les chevaux.

Quand on veut arrêter deux planches ensemble, par le moyen des goujons de l'une ou l'autre espece, ce que les Layetiers appellent goujonner, on commence par bien dresser ces dernieres sur la colombe, après quoi on place les goujons dans le milieu de l'épaisseur de l'une des deux jusqu'à environ la moitié de leur longueur, comme le représente la *Fig.* 3. Si ces goujons sont faits avec des pointes, il est indifférent de quel côté on les fasse entrer; pour ceux de pointes de Maréchal, on les fait entrer par la pointe, ce qui est tout naturel; ce qui étant fait, on pose chaque goujon sur l'enclume, & on en applatit l'extrémité avec le marteau parallélement à la surface de la planche dans laquelle ils sont placés. Tous les goujons étant ainsi applatis par leur extrémité & rendus presque coupans, on pose la planche goujonnée (A B, *Fig.* 5.) sur celle C D, même *Figure*, qui est placée sur l'établi, & on frappe avec le plat du maillet sur la premiere pour faire entrer ces goujons dans la seconde, dans laquelle ils entrent d'autant plus aisément, qu'étant minces du sens du fil du bois, ils ne font qu'écarter ces derniers dans la seconde planche, au lieu qu'ils l'ont refoulée dans la premiere, comme on peut le voir à la *Fig.* 4, qui représente la coupe de deux planches ainsi goujonnées.

En plaçant les goujons dans la seconde planche, il faut avoir grand soin qu'ils soient bien au milieu de son épaisseur, comme ils sont ou du moins doivent être dans la premiere; & s'il arrivoit qu'ils ne fussent pas placés ainsi dans cette derniere, il faudroit y faire attention pour qu'ils soient également reculés dans l'autre, afin que les deux planches affleurent ensemble le mieux qu'il est possible, & qu'on ne soit pas obligé de diminuer de leur épaisseur lorsqu'on vient à les raser sur le plat, ce qu'on fait après qu'elles ont été goujonnées.

On met plus ou moins de goujons, selon la longueur des planches; mais, quel qu'en soit le nombre, il faut toujours qu'il y en ait vers leur extrémité, & un au milieu de la longueur, du moins quand cela est possible.

Quand les planches sont goujonnées & rasées sur l'épaisseur, on les coupe de longueur, & on les rase à bois debout; après quoi, quand c'est une boîte ou une cassette, par exemple, qu'on veut construire, on commence par attacher les quatre pieces du pourtour ensemble, en observant que les plus longues qu'on nomme les côtés, posent sur les plus courtes qu'on nomme les bouts, après quoi on attache le fond à plat dessus : ce qui étant fait, on rase l'ouvrage de tous les sens, & on y ajoute le dessus ou couvercle qu'on fera ensuite comme je vais l'expliquer.

Les ferrures des ouvrages de Layeterie sont de deux sortes, savoir, celles que les Layetiers font eux-mêmes, comme les charnieres (*Fig.* 14.), les crochets (*Fig.* 17 & 19.), & les poignées ou anneaux (*Fig.* 18.), & les équerres ou coins (*Fig.* 20.), & celles qu'ils achetent toutes faites chez les Clincaillers ou chez des Ouvriers qui les fabriquent. Ces dernieres especes de ferrures sont des charnieres ou couplets (*Fig.* 21 & 22.), les serrures (*Fig.* 24.), & les poignées de différentes sortes.

Les ferrures que les Layetiers construisent eux-mêmes, sont faites avec du fil de fer de différentes grosseurs, selon la nature de l'ouvrage; les plus considérables sont les charnieres qui se font de la maniere suivante.

On coupe, ou, pour mieux dire, on rompt un morceau de fil de fer d'environ 4 pouces de longueur, puis on le saisit avec le plioir vers le milieu, & on le fait ployer dessus en le renversant sur sa partie extérieure jusqu'à ce qu'il soit en l'état où il est représenté (*Fig.* 13.); ce qui étant fait, on rapproche ces extrémités l'une contre l'autre, & on le serre avec le plein du plioir vers *d e*, ce qui lui fait former une espece d'œil *h* (*Fig.* 11.), ou, comme disent les Layetiers, lui fait prendre le rond.

Cette premiere partie de la charniere étant faite, on prépare la seconde de la même maniere, à l'exception qu'avant de lui faire prendre le rond, on la fait passer dans l'œil de l'autre partie, après quoi on la serre à l'ordinaire, comme le représente la *Fig.* 12.

On construit ainsi plusieurs charnieres, après quoi on les tient en paquet avec du fil de fer très-menu, &, en cet état, on les porte au feu pour les faire recuire afin de rendre le fer plus doux, & par conséquent plus aisé à ployer. Quand on fait recuire les charnieres & toute sorte de fil de fer en général, il faut faire, avec des copeaux & quelques menus bois, un feu vif & clair, disposé de maniere qu'il entoure le fil de fer de toute part; & quand on s'apperçoit que ce dernier est devenu d'un rouge couleur de cerise, on le retire promptement du feu, crainte qu'il ne se brûle; & pour que le froid ne le saisisse pas trop vite, on le laisse refroidir proche du feu. Quand les charnieres sont ainsi préparées, on les pose en place (ce que les Layetiers appellent encharner), ce qui se fait de la maniere suivante.

On pose le couvercle de la boîte à la place qu'il doit occuper, & on y trace, ainsi que sur le côté de cette derniere, la place où les charnieres doivent être posées; ce qui étant fait, on l'ôte de place, & on y fait sur l'arête de dessous, ainsi que sur celles du côté extérieur de la boîte, de petites encoches, dans le milieu desquelles on fait avec une vrille un trou d'une grosseur convenable pour laisser passer les deux branches de la charniere. Ce trou doit être oblique à l'épaisseur du bois à peu près en suivant l'angle de 45 degrés, & même un peu davantage, pour conserver plus de force à ce dernier, comme on le peut remarquer à la *Fig.* 14, qui représente la coupe d'une partie de boîte encharnée, prise à l'endroit de la charniere.

Quand les trous sont faits, on y place les charnieres d'abord dans la partie dormante de la boîte, dans laquelle on les fait entrer jusqu'à ce que le milieu de leur œil soit un peu plus avancé que l'angle de cette derniere, comme on le peut voir (*Fig.* 15.); ce qui étant fait, on retourne la piece sur le plat, comme à la *Fig.* 16, pour river les charnieres, ce qui se fait comme il suit.

On commence d'abord par s'assurer si la charniere E est assez enfoncée; & si elle ne l'est pas assez, on en saisit les branches avec les tenailles au nu du bois en *i*, & on fait une pesée pour les attirer à soi; ce qui étant fait, on reploie les branches en dehors des deux côtés, comme celle *l*, cote E, après quoi on frappe dessus avec le marteau pour les applatir & en former plus parfaitement le pli en sortant du bois, comme on le peut voir à la charniere, cote F. Cette opération étant faite, on releve le bout des deux branches qu'on saisit avec le plioir pour y faire un crochet, comme celui *m*, cote G, ensuite on abaisse les branches en les faisant incliner en dedans de la longueur du bois, & on frappe dessus avec le marteau pour faire entrer l'extrémité de la branche *m* dans ce dernier (c'est-à-dire le bois), comme celle *n*, cote G, & alors la charniere est parfaitement arrêtée.

Quand toutes les charnieres sont ainsi posées dans la partie dormante de l'ouvrage, on les fait entrer dans le couvercle, en dessus duquel on les rive de la même maniere que je viens d'expliquer; ce qui est général pour toutes sortes d'ouvrages qu'on doit toujours commencer d'encharner par la partie dormante; & quand cette derniere est placée de maniere qu'il n'est pas possible de river les charnieres lorsqu'elle est attachée en place, il faut l'encharner d'avance, ce qui ne souffre aucune difficulté.

Si les pieces à encharner, au lieu dêtre disposées comme un couvercle, étoient perpendiculaires l'une à l'autre, & qu'elles s'affleurassent, comme l'indiquent les lignes ponctuées *o p f* & *q r* (*Fig.* 14.), on les encharneroit toujours de la même maniere, & pour qu'elles affleurassent plus parfaitement après avoir été encharnées, il faudroit commencer par les goujonner & les raser des deux côtés, comme si elles ne devoient pas être séparées, puis, sans les déjoindre, on y poseroit les charnieres à l'ordinaire, & après qu'elles auroient été rivées, on ouvriroit le joint pour en arracher les goujons, qui, dans cette circonstance, doivent être menus & très-courts.

En posant les charnieres, il faut observer que l'œil de la partie de ces dernieres qui entre dans la piece dormante de l'ouvrage, soit placé perpendiculairement à la face de cette derniere, comme je l'ai observé aux *Fig.* 14, 15 & 16. Ce n'est pas que cela soit absolument nécessaire, mais c'est la coutume.

Quand les boîtes & les cassettes sont d'une certaine grandeur, on garnit leur angle avec des équerres de tôle (*Fig.* 20.) que les Layetiers nomment coins. Ces équerres servent à solidifier l'ouvrage, & à empêcher que les joints des angles ne s'ouvrent; c'est pourquoi il faut que les clous avec lesquels ces équerres ou coins sont attachés, soient rivés en dedans de l'ouvrage. On pose ordinairement les coins avant que d'encharner les cassettes ou du moins de river les charnieres avec le dessus, afin d'avoir plus d'aisance pour river les clous de ce coin. Quand les coins & les charnieres sont posés, on place les crochets (*Fig.* 17.). Ce crochet est fait de fil de fer ployé avec le plioir; il est arrêté à son extrémité sur le couvercle avec une broquette *r*, & l'autre bout *s* qui est reployé en angle un peu rentrant, passe dans une espece de piton *t*, aussi de fil de fer, dont l'extrémité, qui est applatie, s'enfonce à coups de marteau dans l'épaisseur du côté de la boîte, à laquelle on fait un trou avec le perçoir pour faciliter l'entrée de ce piton, qui ne désaffleure le dessus de la boîte que de son épaisseur tout au plus, afin que le crochet serre davantage & fasse mieux joindre le dessus avec le côté de la boîte. Voyez la *Fig.* 17, où est représentée en coupe une partie de boîte à l'endroit du crochet & de son piton.

Il faut observer que les crochets & leurs pitons ne doivent pas être recuits, afin qu'ils soient plus élastiques, & conservent par conséquent mieux la forme qu'on leur a donnée.

Quand le bois est mince, comme cela arrive ordinairement, on fait le trou par lequel passe le piton au travers le couvercle avec le perçoir, méplat, qu'on fait mouvoir en différens sens pour raper plutôt le bois que de le couper, & par ce moyen empêcher qu'il ne se fende.

Quand les pitons sont placés sur le plat du bois, on leur laisse assez de longueur pour pouvoir être rivés

rivés par-derriere ; ce qui se fait de la même maniere que pour les charnieres, excepté qu'on ne le recuit pas. On fait encore d'autres crochets (*Fig.* 19.) qui ne s'attachent pas sur la boîte, mais qui passent au travers de son épaisseur, & qui y sont arrêtés en dedans, au moyen d'un double coude qu'on leur fait faire, comme on le peut voir dans cette Figure.

La *Fig.* 18 représente un anneau ou poignée de fil de fer. Cette sorte de poignée s'attache à l'ouvrage par le moyen de deux pitons, ou liens de fil de fer qui passent au travers de l'épaisseur du bois & y sont rivés à l'ordinaire.

Lorsque les boîtes ou cassettes sont d'une certaine grandeur, ou qu'on veut qu'elles soient ferrées solidement, on y met des couplets ou des charnieres, représentées (*Fig.* 21, 22 & 23.). Ces sortes de ferrures s'attachent d'abord avec & en dessous du couvercle, & y sont arrêtées avec des clous qu'il est bon de river au dessus de l'épaisseur du bois, afin qu'ils tiennent solidement.

Quand les charnieres sont arrêtées au couvercle, on les attache sur le côté de la boîte, dans laquelle on les entaille de leur épaisseur ; ce qu'il seroit bon de faire pareillement au couvercle, afin de n'être pas obligé de faire des entailles au côté, à l'endroit des charnieres, comme cela arrive ordinairement quand on ne prend pas cette précaution.

On ferme ordinairement les cassettes, les pupitres & autres ouvrages de cette espece avec des serrures à moraillons, représentées (*Fig.* 24, 25 & 26.), ainsi nommées à cause du moraillon, représenté (*Fig.* 27.), qu'on attache au couvercle de la boîte, & par le moyen duquel on la ferme.

Ces sortes de serrures sont de différentes grandeurs ; mais, quelque petites qu'elles soient, elles sont toujours trop épaisses pour être contenues dans l'épaisseur du bois ; ce qui oblige de percer le devant des cassettes en cet endroit, comme on le peut voir aux *Fig.* 25 & 26.

Les serrures se posent au milieu de la longueur de la cassette ; & avant que de percer le devant de cette derniere, il faut prendre bien juste la longueur de la branche *d a* inférieure du moraillon, depuis le dessus de la serrure jusqu'au dessus de sa branche supérieure, reployée en retour d'équerre, pour pouvoir tracer le dessus de la serrure ; on prend ensuite la forme intérieure de sa garniture, pour tracer exactement la forme du trou, qu'on doit faire le plus petit possible, afin de conserver plus de force au bois, comme je l'ai observé à la *Fig.* 26, où je n'ai laissé d'espace que ce qu'il étoit nécessaire pour placer la garniture de la serrure & la reculée du pêne. Après avoir ainsi marqué la place du trou de la serrure sur le côté de la cassette, on fait dans ce dernier plusieurs trous de vilebrequin très-près les uns des autres, dont on fait sauter les espaces avec un ciseau, pour donner entrée à une scie à main (qui n'est autre chose qu'une espece de couteau dont la lame est taillée comme une scie), avec laquelle on acheve de faire ce trou, qu'on finit ensuite avec le ciseau & la rape à bois.

La serrure s'attache sur le devant de la cassette par le moyen de deux crochets *u x* & *y z* (*Fig.* 24.), lesquels passent au travers de la plaque de la serrure & du bois de la cassette sur lequel l'extrémité de ces crochets est rivée, comme on peut le voir à la *Fig.* 26, où les rivures de ces crochets sont cotées des mêmes lettres que la *Fig.* 24. Voyez la *Fig.* 28, qui représente un de ces crochets vu de côté.

La partie supérieure du moraillon (*Fig.* 27.) s'attache en dessous du couvercle avec lequel on le rive, ou du moins les clous qui l'arrêtent avec ce dernier, & on fait au côté de la cassette sur le champ une entaille de l'épaisseur du moraillon, à moins qu'on entaillât ce dernier dans le dessous du couvercle, ce qui seroit encore mieux.

Quelquefois on met aux boîtes & autres ouvrages de Layeterie des mains de fer dont je ne ferai aucune description, vu qu'on les trouve toutes faites & de toutes grandeurs chez les Marchands, & que leurs formes sont indifférentes à l'objet dont il est ici question. Ces mains sont arrêtées dans des especes de pitons, dont la tige qui passe au travers de l'épaisseur du bois, est divisée en deux lames minces & aiguës qu'on rive en dessous de ce dernier.

On fait aussi quelquefois usage de crochets de fer plat, qu'on pose à la place de ceux de fil de fer, sur-tout quand on ne met pas de serrures aux cassettes ; mais je n'en parlerai pas non plus, parce que leur emploi n'a rien de particulier.

CHAPITRE II.

Des ouvrages de Layeterie en général.

LE nombre des ouvrages de Layeterie étoit plus considérable autrefois qu'à présent, parce que les Layetiers faisoient une quantité de choses qui ne sont plus maintenant en usage, ou bien qui sont faites par des autres Ouvriers, comme les Gaîniers, les Menuisiers, les Miroitiers & les Coffretiers qui font ces sortes d'ouvrages avec plus de propreté & de soin que ne faisoient anciennement les Layetiers, du moins autant qu'on le peut conjecturer (*a*).

(*a*) Les anciens Statuts des Layetiers font mention des ouvrages suivans : 1°. les huches de bois de hêtre ; 2°. les écrins & layettes tant grandes que petites, propres à mettre marchandises ; 3°. les écrins à gorges, façon de bourgettes couvertes de cuir qu'on portoit à l'arçon de la selle ; 4°. les ratieres & souricieres de tout bois ; 5°. écrins & corporaux ; 6°. cages à écureuils & à rossignols ;

Les ouvrages de Layeterie dont on fait usage actuellement, sont de deux sortes; savoir, ceux que les Layetiers font eux-mêmes, & ceux qu'ils vendent, ainsi que ces derniers, mais qu'ils tirent tout faits de Province, sous le nom de marchandises foraines, comme je l'ai dit plus haut, page 9.

Les ouvrages que les Layetiers font à Paris, & qu'on nomme ouvrages de boutique, sont, les cassettes de différentes grandeurs, les boîtes de lit & autres sortes de boîtes, comme les boîtes à perruques, celles qu'on nomme cartons à gorges, les layettes de différentes façons, les baraques ou armoires d'Ecoliers, les tablettes à mettre des livres, les pupitres, les crachoirs, les étuis à chapeaux & autres, les chaufferettes, les chancelieres, les cages à perroquets & à écureuils, les caisses d'orangers & autres arbres & arbustes, les caisses à encaisser de toutes formes & grandeurs, & les cercueils, & autres.

Les ouvrages que les Layetiers tirent des Provinces, sont, les boîtes construites en bois de goberges, de toutes formes & grandeurs, les piéges propres à prendre les rats & les souris & autres animaux incommodes, lesquels piéges sont connus sous le nom de chatieres, ratieres, quatre-de-chiffre, souricieres, soit à bascule, à bâton, à billot, ou à pannier & à planchette, &c. enfin les boîtes de sapin, soit rondes ou ovales, collées ou attachées avec des liens de fer blanc, dont je parlerai ci-après.

Les Layetiers tiennent magasins des différens ouvrages dont je viens de parler, afin d'en avoir de tout prêts à choisir lorsqu'on vient pour en acheter chez eux; ce qui les oblige d'avoir des boutiques assez grandes, non seulement pour y placer commodément trois ou quatre établis, mais encore tous leurs ouvrages ou marchandises qui doivent y être rangés par ordre sur des tablettes posées au pourtour de l'intérieur de la boutique, qui est en même temps boutique marchande & atelier (a).

SECTION PREMIERE.

Description des ouvrages que les Layetiers de Paris construisent eux-mêmes; leurs formes, proportions & constructions.

PL. V. LA Fig. premiere de cette Planche représente une cassette ordinaire, & construite comme je l'ai enseigné ci-dessus. Son dessus est ferré par-derriere avec des couplets, & par-devant avec une serrure à moraillon à l'ordinaire. Les deux extrémités du dessus de cette cassette (ainsi que de toutes les autres) sont garnies de deux rebords qui y sont attachés avec des pointes ou des clous d'épingles. Ces rebords servent à empêcher le bois du dessus de se coffiner, & en même temps à recouvrir les joints de ce dernier avec la cassette, pour que la poussiere n'entre pas dedans; c'est pourquoi il est bon qu'ils approchent des côtés de la cassette le plus qu'il est possible, en y observant néanmoins une bonne demi-ligne de jeu & un peu d'entrée, ce qui se fait en rasant les extrémités du dessus un peu en dehors. Avant que d'attacher les rebords, on feroit très-bien aussi de mettre un rebord par le devant de l'ouverture de la cassette, quoique ce ne soit pas l'usage, parce qu'elle fermeroit beaucoup mieux, & que son intérieur seroit moins exposé à la poussiere. Voyez la *Fig.* 2, qui représente une partie du dessus de la cassette avec le rebord qui y est attaché. Cette cassette est garnie de huit égrenes ou coins de fer, savoir, quatre au pourtour vers les extrémités supérieures, pour retenir l'écart des bords & des côtés, & les quatre autres en dessous sur le plus grand sens de la cassette, dont elles lient le fond avec les côtés.

On fait des cassettes de toutes sortes de grandeurs, depuis un pied jusqu'à trois, & même quatre pieds sur une hauteur & une largeur proportionnée. Mais de quelques grandeurs qu'elles soient, elles sont toutes construites de la même maniere que celle-ci, à la ferrure près, qui, à la plupart des cassettes, n'est faite qu'avec du fil de fer, du moins pour ce qui est des charnieres, car il y a à toutes des serrures, ou du moins il doit y en avoir.

Quand on ne met que des charnieres aux cassettes, & que ces dernieres sont d'une certaine longueur, il faut y mettre trois charnieres, savoir, une au milieu, & les deux autres vers les extrémités.

Quand les cassettes sont destinées à servir de layettes, c'est-à-dire qu'elles doivent renfermer le linge & les menues hardes des enfans nouveaux-nés, on y met une layette ou double boîte qu'on y place intérieurement & dans sa partie supérieure, comme on le peut voir à la *Fig.* 3.

Cette seconde boîte n'a pas de couvercle, & est divisée dans sa surface par plusieurs cases de différentes grandeurs entre elles, dans lesquelles on place les pieces les plus fines de la layette chacune séparément, ou du moins selon leurs différentes especes.

7°. les coffres de bois cloués; 8°. les écrins & layettes à mettre balances & trébuchets, grands & petits; 9°. écrins & tabernacles à mettre images; 10°. les écrins en façon de pupitres & écritoires, couverts de cuir; 11°. toutes les boîtes de bois de hêtre; 12°. tous écrins en façon de coffres, avec pieds & sans pieds; 13°. les tableaux à mettre images à moulures; 14°. les écrins à mettre manicordion & épinettes; 15°. les écrins nommés verriés; 16°. les écrins à mettre du sel; 17°. les tableaux de bois à moulures, servant à mettre miroirs de cristallin de Venise, & miroirs d'autres cristallins & servant à mirer, que les Doreurs sur cuirs ont accoutumé de garnir, & autres, quels qu'ils soient; 18°. les layettes & boîtes façon d'oval, de tous bois & de toutes façons, &c.

De tous ces ouvrages (du moins pour la plus grande partie) les Layetiers n'en connoissent plus guere que les noms, qui leur ont été conservés par leurs Statuts, ayant été obligés de changer l'objet de leur travail en raison du changement des modes & des usages reçus.

(a) Si j'ai fait deux classes des ouvrages de Layeterie, ce n'est pas que les Ouvriers de cet Art ne soient également en droit de les faire tous (comme ils les font effectivement quelquefois), mais c'est pour me conformer à l'usage actuel, auquel la médiocrité du prix des ouvrages a donné lieu, les matieres & le prix de la façon étant beaucoup moins chers dans les Provinces qu'à Paris.

Cette double boîte n'a que 4 ou 6 pouces de hauteur, & eſt placée dans la caſſette ſur des taſſeaux attachés au pourtour de l'intérieur de cette derniere, qu'elle affleure preſque en deſſus, comme on peut le voir à la *Fig.* 3, & encore mieux à la *Fig.* 4, qui repréſente une partie de la coupe de la caſſette & de la boîte intérieure, qui doit entrer aſſez aiſément dans la caſſette, pour qu'on la puiſſe retirer ſans aucun effort, en la prenant par les deux poignées ou mains de rubans qui ſont placés à ces deux extrémités, comme on le peut voir à la *Fig.* 3.

En général, les caſſettes ſe conſtruiſent avec des voliges de peuple ou avec du bois de goberges; mais on ne fait uſage de ce dernier bois, que pour celles qui ſont les plus petites.

On fait encore des eſpeces de caſſettes qu'on nomme boîtes de lit, parce qu'on les place ſous ces derniers. Ces boîtes ſervent à ſerrer différentes hardes, & particuliérement des habits d'hommes, c'eſt pourquoi elles ne peuvent pas avoir moins de 3 pieds 4 à 6 pouces de longueur, pris intérieurement, ſur au moins 2 pieds & demi de longueur & 6 à 8 pouces de hauteur. Le couvercle ou deſſus de ces boîtes doit avoir des rebords de trois côtés, & être le mieux ajuſté poſſible, pour qu'il n'entre pas de pouſſiere dans cette derniere, qui d'ailleurs doit être intérieurement toute garnie de papier, tant le fond & les côtés que le couvercle, dont le joint du côté des charnieres doit être garni de toile recouverte par du papier, ou du moins avec ce dernier collé double, pour qu'il ne ſe coupe pas (*a*).

Comme les boîtes de lit ſont placées dans une ſituation incommode pour les retirer quand on a beſoin de fouiller dedans, on met deſſous quatre roulettes de buis ou autre bois dur, repréſentées (*Fig.* 5.), vues de face & de côté. Ces roulettes ont environ 1 pouce & demi de diametre, & ſont montées dans une chape de fer, dont une des branches, qui eſt reployée en retour d'équerre, eſt attachée en deſſous de la boîte & par le côté de cette derniere, comme on le peut voir dans la *Fig.* 5.

Les roulettes ſe placent par les bouts & vers les quatre angles de la boîte, & on met deux poignées au côté le plus large, ou, pour mieux dire, le plus long de cette boîte, pour la pouvoir retirer plus commodément de deſſous le lit.

On ne met pas ordinairement de ſerrures aux boîtes de lit, ſe contentant d'en fermer le deſſus avec des crochets. Cependant, je crois qu'il vaudroit mieux y mettre une ſerrure, pour que les effets qu'on met dedans y fuſſent plus en ſûreté.

Les *Fig.* 6 & 7 repréſentent une boîte nommée boîte à perruques, parce qu'elle ſert à placer & tranſporter des perruques ſans qu'on ſoit en danger de les déranger.

Cette boîte s'ouvre en deſſus à l'ordinaire, & pardevant juſqu'à la moitié de ſa largeur, afin de jouir plus aiſément de l'intérieur de la boîte, dans laquelle on place les perruques ſur deux pieds ou tiges, dont les deux bouts ſont aſſemblés dans deux ronds d'environ 3 pouces de diametre. Un de ces deux ronds eſt attaché ſur le fond de la boîte, & l'autre, qui eſt un peu bombé en deſſus, eſt garni à ſon centre d'une pointe de fer aiguë qui entre dans la perruque pour l'empêcher de gliſſer.

La partie ouvrante du devant de la boîte eſt garnie de deux crochets, qui entrent dans deux pitons qui ſortent du deſſus, de maniere que ces deux ouvertures ſe ferment en même temps & par le même moyen.

Dans le milieu du deſſus de cette boîte eſt placée une main de fer, au moyen de laquelle on la tranſporte quand on le juge à propos.

La largeur de ces ſortes de boîtes eſt d'environ 18 pouces ſur 12 de largeur & 15 de profondeur, & elles ſont conſtruites en bois mince & léger, afin d'être plus aiſées à tranſporter.

La *Fig.* 8 repréſente une eſpece de boîte nommée carton ou boîte à gorge, par rapport à ſa fermeture qui eſt à gorge, ou, pour mieux dire, à feuillure, de maniere que le pourtour du couvercle qui fait partie de la hauteur de la boîte, affleure parfaitement cette derniere de tous les côtés.

La gorge de ces boîtes ſe fait avec le feuilleret ou rainoire dont j'ai parlé ci-deſſus, page 7, & on ne fait pas de gorge intérieurement, comme on le peut voir en A (*Fig.* 8).

Cette maniere de conſtruire les boîtes à gorges eſt la plus uſitée; cependant, je crois qu'il vaudroit mieux mettre les pieces de pourtour du couvercle d'une épaiſſeur égale à celles de la boîte, & d'y faire des feuillures ou gorges intérieurement qui correſpondent à celles de ces dernieres, comme je l'ai indiqué par une ligne ponctuée *a b* (*Fig.* 8.), cote A; ce qui rendroit l'ouvrage plus ſolide, ſans être pour cela beaucoup plus difficile à faire, puiſqu'il ne s'agiroit que de faire les feuillures ou gorges du deſſus un peu plus hautes que celles du deſſous; ce qu'on pourroit faire avec un feuilleret plus large ou avec le même feuilleret, en faiſant uſage d'un guillaume de Menuiſier, pour agrandir cette feuillure ſoit d'un ſens ou de l'autre, ou pour rapprofondir la gorge ou feuillure du corps de la boîte, ſuppoſé que cela fût néceſſaire.

Le guillaume eſt un outil qui differe du feuilleret en ce qu'il n'a pas de conduit, ni par-deſſous, ni par le côté, & que ſon fer, qui a la forme d'une pelle à four, occupe toute l'épaiſſeur du fût par ſa partie inférieure, & paſſe enſuite dans une lumiere exhauſſée au milieu de cette même épaiſſeur, où il

(*a*) Malgré toutes ces précautions, les boîtes de lit faites par les Layetiers ſont peu propres, c'eſt pourquoi on leur doit préférer celles de Menuiſerie jointes à rainures & languettes, & dont le couvercle ferme à feuillure & à recouvrement. Ces dernieres ſortes de boîtes ſont plus cheres que les premieres; mais elles ont l'avantage d'être plus propres & plus ſolides, ce qui eſt fort à conſidérer dans le cas dont il s'agit préſentement.

eſt arrêté avec un coin à l'ordinaire. Je n'ai pas fait de figure de cet outil, parce que les Layetiers ne ſont pas dans l'uſage de s'en ſervir, encore qu'il leur ſeroit très-utile, tant pour ajuſter les gorges des boîtes, que pour toutes autres occaſions. Le deſſus des cartons ou boîtes à gorges eſt ordinairement bombé & garni d'une main, ainſi que dans cette *Fig.*; il eſt ferré avec des charnieres de fil de fer, & arrêté en devant avec des crochets de même eſpece, ou bien avec de petites ferrures, ce qui vaut encore mieux, ſur-tout quand on fait uſage de ces boîtes dans les voyages, comme cela arrive le plus ſouvent. Ces boîtes ſont conſtruites en bois mince & léger, pour être plus portatives, & elles ſervent à tranſporter dans les voyages & même à la Ville les coiffures & autres menus ajuſtemens des Dames.

Quant à leur grandeur, elle varie beaucoup. Celle qui eſt repréſentée ici eſt de la moyenne eſpece. Les Layetiers font auſſi des boîtes ou étuis à chapeaux, repréſentées (*Fig.* 13.). Ces boîtes ſont d'une forme triangulaire, & ont chacun de leurs angles abattu à la largeur d'environ 3 pouces. Elles ſont fermées d'un couvercle à rebords, ferré avec des charnieres de fil de fer, & arrêté avec des crochets ou avec une ferrure. Dans ce dernier cas, les charnieres ſont placées à un des petits angles de la boîte, & la ferrure placée au milieu du côté oppoſé à cet angle, comme on le peut voir à la *Fig.* 13.

Les boîtes ou étuis à chapeaux ſont conſtruites en bois de hêtre ou de chêne, ce qui eſt plus ordinaire, & on tient ces bois les plus minces poſſibles, pour qu'elles ſoient moins lourdes à tranſporter.

Elles doivent avoir 4 à 5 pouces de hauteur extérieurement, & leur ſurface être compriſe dans un cercle de 13 à 14 pouces de diametre, comme à la *Fig.* 9, ce qui leur donne environ un pied de longueur de *c* à *d*, ce qui eſt ſuffiſant pour pouvoir y placer un chapeau d'une grandeur ordinaire.

La *Fig.* 10 repréſente une eſpece d'armoire (vue en coupe, *Fig.* 11.), nommée baraque par les Layetiers, & par les Ecoliers qui en font uſage. Cette armoire eſt toute conſtruite en chêne ou en hêtre; elle a environ 18 à 20 pouces de largeur, 27 à 30 pouces de hauteur, & 8 à 10 de profondeur, & eſt garnie intérieurement de deux tablettes. Ses portes ſont fermées par les côtés avec des charnieres de fil de fer, & celle qui eſt à gauche arrêtée en dedans avec des crochets placés en deſſous des tablettes.

L'autre porte eſt garnie d'une petite ſerrure, par le moyen de laquelle on ferme l'armoire ou baraque, afin que les effets que l'Ecolier y dépoſe y ſoient en ſûreté. A la partie ſupérieure du derriere de cette armoire, il y a deux trous dans leſquels on fait paſſer deux bouts de cordes, par le moyen deſquelles on la ſuſpend contre la muraille.

La *Fig.* 12 repréſente une bibliotheque ou tablette à livres, comme l'appellent les Layetiers. Elle eſt garnie de tablettes diſtantes de 7 à 8 pouces les unes des autres, & chaque tablette a ſur le derriere une petite tringle placée verticalement, pour empêcher que les livres ne portent contre la muraille. Quelquefois ces tablettes à livres ont une petite armoire dans leur partie inférieure, & alors leurs côtés ſont élargis par le bas, ainſi que la tablette du bas & celle qui ſert de deſſus à cette armoire, afin de lui donner plus de profondeur. Ces ſortes d'armoires ſe conſtruiſent ordinairement en bois blanc.

Les *Fig.* 14 & 15 repréſentent un pupitre à l'uſage des Ecoliers : le deſſus de ce pupitre ouvre juſqu'à la partie horizontale qu'on nomme porte-chandelier, & avec lequel il eſt ferré avec des charnieres de fil de fer, & eſt arrêté avec le devant du pupitre, par le moyen d'une ſerrure à moraillon, comme on le peut voir à la *Fig.* 14.

Sur le devant & dans l'intérieur du pupitre, il y a de petits caſes dans leſquelles on peut placer l'encre, la poudre, les plumes, le canif, & le grattoir.

La *Fig.* 17 repréſente une chaufferette, eſpece de petit meuble à l'uſage des Dames. C'eſt une boîte d'environ 10 à 11 pouces de longueur, 6 à 7 de largeur, & environ 5 pouces de hauteur. Un des côtés de la chaufferette ouvre verticalement, pour y pouvoir placer intérieurement un petit vaſe de terre dans lequel on met du feu, dont la chaleur paſſe au travers des trous qui ſont faits tant aux pieces du pourtour qu'au deſſus de la chaufferette où ils ſont en plus grand nombre, comme on le peut voir à la *Fig.* 17.

L'intérieur de la chaufferette eſt garni d'une tôle mince qui y eſt attachée avec de petites broquettes à têtes plates, & cette tôle eſt également percée que le bois, pour laiſſer paſſer la chaleur du feu.

On garnit de tôle les différentes pieces de la chaufferette avant que de la monter, & on a ſoin de laiſſer la tôle aſſez grande pour qu'elle entre de 2 à 3 lignes ſous le joint de chaque piece. Quand la tôle eſt attachée, on la perce; ce qui ſe fait en retournant la piece garnie du côté apparent, pour faire ſur la tôle, à l'endroit de chaque trou, une marque un peu forte avec un petit poinçon de fer; ce qui étant fait, on retourne la piece du côté de la tôle qu'on perce enſuite avec le gros poinçon dont j'ai parlé ci-deſſus, page 8, à chaque endroit marqué par les coups de poinçon donnés de l'autre côté.

Comme le poinçon dont on fait uſage pour cette ſeconde opération eſt plus petit par le bout que le trou, il déchire plutôt la tôle qu'il ne la défonce, & les bavures de cette derniere ſe replient dans le trou contre le parois duquel elle reſte plaquée, à quoi l'oblige la forme un peu conique du poinçon dont la groſſeur, à une certaine diſtance de ſon extrémité inférieure, eſt égale à celle du trou garni de tôle.

Les trous qu'on fait aux chaufferettes ont environ 8 lignes de diametre, & on les perce avec une meche de Tourneur, avant que de dreſſer les pieces ſur le plat, afin que, quand cette derniere opération eſt faite, ils paroiſſent plus propres. De plus, il eſt bon qu'après avoir été ainſi percées, elles reſtent

restent pendant quelque temps à l'air dans un lieu sec, afin que leur humidité s'évapore, & que l'action du feu ne les fassent pas fendre lorsqu'on vient à en faire usage.

Il faut sur-tout user de cette précaution pour le dessus des chaufferettes qui ont beaucoup de trous, & qui ne sauroient être d'un bois trop sain & trop sec.

Le dessus des plus grandes chaufferettes a ordinairement trente-deux trous, savoir, quatre rangs de cinq, rangées parallélement & vis-à-vis les uns des autres, & trois autres rangs de quatre, placés entre ces derniers, comme on le peut voir à la *Fig.* 17.

Quand on veut marquer la place de ces trous, on tire deux lignes diagonales *e f* & *g h* des quatre angles du dessus (*Fig.* 17.), puis on trace deux lignes des deux côtés paralleles, & distantes de ces bords d'environ 18 lignes, & aux points *i l* & *m n* où elles rencontrent les diagonales, on trace deux perpendiculaires, ce qui forme un carré long qu'on divise ensuite au compas en cinq parties égales d'un côté, & en quatre de l'autre, ce qui forme des petits carrés longs par les angles desquels on fait passer autant de diagonales dont les intersections ou points de rencontre donnent la place, ou, pour mieux dire le centre des trous.

Les chaufferettes se construisent en bois de chêne, d'une qualité dure & liante, sur-tout la piece de dessus, & les pieces qui les composent doivent avoir 3 à 4 lignes d'épaisseur pour celle du pourtour, & celle de dessus un peu davantage, tant à cause de la moulure qu'on pousse au pourtour, que par rapport à la quantité de trous dont ils sont criblés.

Quand toutes les pieces qui composent la chaufferette sont prêtes & garnies de tôle, on la monte à l'ordinaire, & on la ferre ensuite, du moins on rive les charnieres de la porte; car toutes les ferrures doivent être placées avant que de mettre la tôle, ce qui est fort aisé à comprendre.

La *Fig.* 18 représente une espece de boîte nommée chanceliere. Cette boîte a environ 14 pouces de longueur sur un pied de largeur; elle est échancrée d'un côté partie aux dépens du devant qui, de ce côté, n'a que 3 pouces de hauteur, & partie aux dépens du dessus qui s'arrondit en venant à rien de l'autre côté. Ces sortes de boîtes sont ordinairement garnies en dedans de peaux d'ours ou autres fourrures, & servent aux gens de cabinet pour y placer leurs pieds & les garantir du froid. Quelquefois & même le plus ordinairement elles sont revêtues d'étoffe par dehors, ce qui est l'affaire du Tapissier, ainsi que leurs fourrures intérieures; c'est pourquoi je n'en parlerai pas davantage.

Pl. 6. La *Fig.* 1 de cette Planche représente une boîte nommée trémie, dans laquelle on place de la graine pour servir à la nourriture des pigeons, & autres oiseaux de cette espece. Les deux côtés de cette boîte sont renfoncés en dedans, comme on le peut voir à la *Fig.* 2 (qui représente cette boîte vue par le bout), afin de laisser un vide d'environ 2 pouces & demi de largeur, & d'une longueur égale à celle de la boîte. Cet espace vide est interrompu par de petits cylindres ou bâtons placés à environ 2 pouces les uns des autres, afin que les oiseaux, en prenant le grain par ces ouvertures, ne le fassent pas sortir & ne le répandent pas.

Ces bâtons entrent d'un bout dans la partie inférieure du devant de la boîte, & de l'autre dans celle qui est oblique, laquelle redescend assez bas pour ne laisser entre elle & sa semblable qu'un espace assez étroit pour que le grain ne descende qu'à mesure & en médiocre quantité dans la partie inférieure de la boîte, ainsi que je l'ai indiqué par des lignes ponctuées *a b* & *c d* (*Fig.* 2.).

Cette boîte ou trémie est fermée par un dessus ou couvercle à rebord qui est ferré avec des charnieres de fil de fer & des crochets de même espece, comme on le peut voir à la *Fig.* 1.

Il y a des trémies doubles & de simples; les doubles ont des augets des deux côtés, comme à celle représentée *Fig.* 1 & 2.

Les simples n'en ont que d'un côté, & n'ont d'épaisseur qu'un peu plus de la moitié de celle-ci. Les trémies sont construites en bois de chêne ou de hêtre, ce qui est égal, encore qu'on se serve plus souvent du premier que du second.

La *Fig.* 3 représente une cage ou boîte à écureuil, laquelle est composée de deux parties principales, savoir, la boîte proprement dite, & la cage ou tournette. La boîte a environ 7 pouces de largeur sur 9 de longueur & autant de hauteur. Sa partie supérieure est terminée en forme de comble dont l'angle est applati, & a environ 2 pouces de largeur. La piece qui forme cette partie du dessus de la boîte, est prolongée de 9 pouces au delà de cette derniere, afin de recevoir un montant qui y est attaché, ainsi que sur le fond du bas de la boîte qui est également prolongé. Aux deux côtés de la boîte sont deux augets saillans, garnis de portes & de grilles, dans lesquels on peut mettre le boire & le manger de l'animal. A un des bouts de cette boîte (*Fig.* 4.), il y a une porte de 3 pouces de largeur sur 4 de hauteur; & au bout opposé (*Fig.* 5.), il y a un trou rond correspondant à un de ceux d'un des plateaux ou rond de la tournette, par lequel l'écureuil passe de sa boîte dans cette derniere, c'est-à-dire la tournette.

La tournette est composée de deux plateaux de 7 pouces de diametre, dont l'un a trois trous ronds d'environ deux pouces & demi de diametre, & qui sont disposés triangulairement autour de son centre. Entre ces deux ronds est un grillage de fil de fer de moyenne force, dont une partie des tringles entre dans les deux plateaux jusqu'environ les deux tiers de leur épaisseur, n'y ayant que 5 à 6 de ces mêmes tringles qui passent au travers, & qui sont reployées en dessus pour rendre la tournette solide & empêcher que ces plateaux ne s'écartent. Les tringles ou barreaux de la tournette sont entretenus dans leurs longueurs par deux cercles de fil de fer, avec lesquels ils sont arrêtés par le moyen d'un lien continu de petit fil de fer qui entretient les barreaux dans une situation droite & à une égale distance les uns des autres.

Le fil de fer qui sert à faire ces sortes de liens doit être très-fin & bien recuit, afin qu'il soit plus souple, & par conséquent moins en danger de se rompre.

La tournette est suspendue entre la boîte & le montant du bout par deux tourillons de gros fil de fer, placés & arrêtés par des rivures au centre des deux plateaux. Le goujon, qui est placé dans le plateau percé, c'est-à-dire, qui doit être du côté de la boîte, n'a que cinq à six lignes de longueur depuis la sortie du plateau, ce qui est suffisant pour placer un petit rond de bois de trois lignes d'épaisseur qu'on met entre le plateau & la boîte, pour qu'en tournant il ne frotte pas contre cette derniere dans laquelle le tourillon ne doit entrer que d'environ 3 lignes, afin de ne pas passer au travers l'épaisseur du bois, ou, que s'il y passe, il ne le déborde pas, de crainte qu'il ne blesse l'écureuil. Voyez la *Fig.* 6, qui représente la coupe du plateau, & du bout de la boîte prise au milieu de sa largeur, & par conséquent à l'endroit du tourillon dont le trou est recouvert par une petite plaque de fer blanc, afin que le tourillon ait toute la longueur possible, & qu'il ne saillisse pas dans l'intérieur de la boîte, pour les raisons que j'ai dites ci-dessus.

L'autre tourillon a environ 3 pouces de longueur, afin qu'après avoir passé au travers du montant qui porte la tournette, on le puisse courber pour en faire une espece de manivelle, par le moyen de laquelle on fait tourner la cage ou tournette qui est séparée du montant par un petit rond de bois semblable à celui qui est du côté de la boîte, & qu'il est bon d'arrêter, ainsi que ce dernier, sur les plateaux, afin qu'ils tournent avec eux.

La boîte à écureuil doit être construite en bois de chêne, & le plus solidement possible. Il faut aussi avoir soin d'en garnir toutes les ouvertures avec du fer blanc, parce que, sans cette précaution, cet animal qui aime à ronger, & qui a les dents incisives de la mâchoire inférieure très-fortes, cet animal, dis-je, déchireroit tout le bois qu'il se trouveroit à portée d'entamer, ce qui l'exposeroit à se blesser.

Il faut aussi faire plusieurs trous à la partie supérieure de la boîte, afin que l'odeur de l'urine de l'écureuil (qui est très-forte) s'évapore plus promptement.

On ne prolonge pas ordinairement le dessous des boîtes des écureuils, dans toute sa largeur, en dessous de la tournette, mais on se contente d'une boîte de bois de 2 à 3 pouces de largeur, disposée comme celle du dessus, ce qui n'est pas bien, parce que quand l'animal est dans la tournette & qu'il laisse aller ses excrémens, il gâte & fait sentir mauvais tous les endroits où sa cage se trouve placée, ce qui n'arriveroit pas si on y faisoit un fond comme à celle-ci, *Fig.* 3, lequel est garni d'un rebord ou pourtour, afin d'y pouvoir mettre du sable fin qu'on rechange de temps en temps, ce qui diminue considérablement de la mauvaise odeur.

La *Fig.* 7 représente un crachoir, espece de petite boîte découverte, dans laquelle on met du sable fin pour cracher dessus, & par ce moyen ne pas gâter le plancher des appartemens. Cette boîte a les quatre côtés évasés, & à ces deux extrémités opposées deux petits rebords, par le moyen desquels on la transporte commodément. On fait des crachoirs de plusieurs grandeurs : ceux de la grandeur la plus ordinaire ont 1 pied de longueur, 8 à 9 pouces de largeur & 4 pouces de hauteur. Ils sont tous construits en bois de chêne ou de hêtre.

La *Fig.* 8 représente une cage ou sabot de perroquet. C'est une espece de boîte de 15 à 16 pouces de longueur, 4 pouces de largeur, & 7 à 8 pouces dans sa partie la plus haute, & 3 pouces dans sa partie la plus basse. Cette boîte a deux portes à ses extrémités opposées ; l'une qui est pleine & a la partie la plus basse de la boîte par laquelle on fait entrer l'animal, & l'autre qui est percée à jour & grillée, par laquelle on le fait sortir.

Dans l'intérieur de cette boîte, & environ 1 pouce au dessus du fond, est placé un bâton *e*, *Fig.* 8, qui la traverse dans toute sa largeur, & sur lequel le perroquet monte. Lorsqu'il est dans cette espece de cage, dans laquelle il se trouve placé de maniere qu'il ne peut pas changer de situation ni se retourner, vu la disposition de cette derniere qui n'est ainsi faite que pour transporter ces oiseaux dans les voyages, sans qu'ils soient exposés à gâter leurs plumages, ce qui arriveroit infailliblement si on ne prenoit cette précaution.

Les Layetiers font aussi des caisses de jardin pour placer des arbrisseaux de différentes especes. Ces caisses, représentées (*Fig.* 9.), sont des especes de boîtes découvertes, composées de quatre pieds des quatre côtés, attachés sur ces mêmes pieds, & d'un fond.

Les pieds sont d'une forme carrée par leurs plans, & sont plus ou moins gros selon la grandeur de la caisse. La partie supérieure des pieds est quelquefois ornée d'une boule faite sur le tour ; mais le plus souvent les Layetiers n'y forment que des chanfreins à la scie & au ciseau, comme dans cette Figure.

Les côtés sont composés de planches blanchies à l'extérieur, & attachées avec des clous sur les pieds. De ces quatre côtés, il y en a deux courts qu'on attache d'abord sur les quatre pieds, comme le représente la *Fig.* 10. Les deux autres, qui sont plus longs que ces derniers de deux fois leur épaisseur, s'attachent ensuite sur les pieds, ce qui forme le pourtour de la caisse, qu'on ne bâtit cependant pas entiérement qu'on n'ait attaché sur les pieds des premiers côtés un tasseau (*Fig.* 11.), qui sert à porter le fond (*Fig.* 12.).

Ces tasseaux doivent être attachés de maniere que le fond de la caisse affleure ses côtés en dessous, afin de ne diminuer de la profondeur de la caisse que le moins qu'il est possible.

En général, les caisses doivent être carrées à l'extérieur, tant sur la largeur que sur la hauteur. Cependant il est bon qu'elles soient un peu plus hautes que larges de l'épaisseur du fond au moins, parce que cette augmentation de hauteur rend leurs formes plus gracieuses, & qu'elle augmente en même temps leurs profondeurs.

Quand les caisses sont d'une certaine grandeur, il est bon de garnir l'extérieur de leurs côtés & le dessous de leurs fonds d'une ou plusieurs barres clouées qui en retiennent les joints, qui d'ailleurs doivent être goujonnées.

Je ne m'étendrai pas davantage au sujet des caisses de jardins, parce que cette partie est traitée très au long à la fin de la quatrieme Partie de l'Art des Menuisiers, auquel on pourra avoir recours, les caisses de jardins appartenant plutôt à cet Art qu'à celui du Layetier (*a*).

La *Fig.* 13 représente une caisse propre à encaisser les marchandises de toute espece. Ces sortes de caisses se font avec du bois brut, simplement dressé sur le champ, sans aucuns goujons dans les joints qu'on retient avec des barres clouées dessus; les planches qui composent le pourtour de ces sortes de caisses, doivent être disposées à bois de fil, comme à la *Fig.* 13. Quant à celles du fond & du dessus, on les met aussi à bois de fil sur la plus grande longueur de la caisse, comme le dessus de celle-ci représentée (*Fig.* 16.), du moins aux petites caisses & à celles d'une grandeur médiocre. Mais quand les caisses sont d'une certaine grandeur, il faut les mettre à bois debout, c'est-à-dire que la longueur soit du sens le plus étroit de ces dernieres, parce que plus les planches sont courtes, & plus elles ont de résistance.

Les petites caisses & celles d'une moyenne grandeur, mais qui ne doivent pas renfermer des effets lourds & fragiles, se construisent avec de la volige de peuple; mais les grandes doivent l'être en bois d'un pouce d'épaisseur, & on prend ordinairement du bois de sapin de bateau pour faire ces sortes d'ouvrages qui exigent plus de solidité que de propreté.

Les caisses doivent être attachées avec beaucoup de solidité, c'est pourquoi on ne doit pas y épargner les clous; & quand elles sont construites en bois épais, il faut abattre en chanfrein l'extrémité des planches, afin que les clous entrent davantage dans le bois & y tiennent plus solidement. Il faut aussi y mettre des barres d'une force & en quantité convenable, afin que les joints des planches ne fassent aucuns mouvemens.

Ces barres doivent avoir au moins 3 pouces de largeur sur 1 pouce d'épaisseur, & leur longueur doit être égale à celle des côtés ou des dessus ou dessous de la caisse, du moins à un demi-pouce près par chaque bout, où il doit toujours y avoir deux clous, & au moins un sur chaque rive de planches, & un au milieu, comme on le peut voir à la *Fig.* 16.

Quand on construit une caisse de cette espece, on commence d'abord par dresser les planches qui doivent en faire les côtés & les bouts, & les mettre toutes ensemble à la largeur qu'elles doivent avoir, en observant de mettre les étroites au milieu, ce qui étant fait, on y attache les barres, auxquelles, autant que faire se peut, on met des clous assez longs pour qu'ils passent au travers des planches, afin de les pouvoir river dessus; les barres étant attachées, on rase carrément les côtés & les bouts de la caisse, puis on les attache ensemble, ce qui étant fait, on construit le dessous de la même maniere, & on l'attache en place, après quoi on retourne la caisse pour y ajuster le dessus qu'on marque, ainsi que le côté de la boîte, pour ne le point changer de côté lorsqu'on l'attache après que la caisse a été remplie. Voyez les *Fig.* 13 & 16.

La construction de ces sortes de caisses est, ainsi qu'on vient de le voir, très-aisée; mais il n'en est pas de même de l'encaissage, c'est-à-dire de l'action de remplir ces mêmes caisses, en y plaçant les effets qu'elles doivent contenir, de maniere qu'ils ne puissent être endommagés, malgré les fréquentes secousses qu'elles ont à souffrir pendant une longue route où elles sont de plus sujettes à être chargées & déchargées plusieurs fois.

Avant que de rien décider sur la forme & la gran-

(*a*) Il y a très-long-temps que les Communautés des Menuisiers & des Layetiers sont en contestation au sujet du droit exclusif de faire des caisses de jardins; les Layetiers étant autorisés par leurs Statuts & par plusieurs Sentences des Tribuneaux, de saisir chez les Menuisiers toutes caisses de jardins dont les côtés sont attachés avec des clous, encore que ces côtés soient corroyés avec la verlope & joints à rainures & languettes, & même avec des clefs dans les joints, par la raison, disent-ils, qu'à eux seuls appartient le droit de faire des ouvrages cloués, ce qui n'est & ne peut pas être exactement vrai; mais supposé que cela fût, & que les caisses dont les panneaux sont joints à rainures & languettes, & attachées sur les côtés avec des clous, ne doivent pas être faites par les Menuisiers, c'est ce qu'il faut examiner.

La construction des ouvrages d'assemblages appartient incontestablement aux Menuisiers; mais il est de certains ouvrages où on ne peut pas en mettre par-tout sans faire tort à la solidité de l'ouvrage: or les caisses de la moyenne espece, c'est-à-dire celles dont les paneaux sont joints à rainures & languettes & attachées sur les côtés avec des clous, sont dans ce cas; car si, comme disent les Layetiers, les Menuisiers ne pouvoient pas employer de clous à leurs constructions, mais qu'ils assemblent les paneaux dans les pieds des caisses ou qu'ils les chevillent tout simplement dessus, il arriveroit de deux choses l'une, ou que l'ouvrage ne vaudroit absolument rien, ou que les côtés ne tiendroient pas solidement sur les pieds; car, dans le premier cas, les assemblages qu'on feroit dans des pieces d'une moyenne grosseur seroient bientôt pourris, étant continuellement exposés à l'humidité de la terre, d'où s'ensuivroit la destruction totale de l'ouvrage. Dans le second cas, l'expérience fait voir que des chevilles sont insuffisantes pour soutenir la poussée de la terre qui agit continuellement contre les côtés de la caisse; donc qu'il est impossible de les arrêter autrement qu'avec des clous, & qu'il faut que ce soit les Menuisiers qui les attachent, vu que le reste du corps de la caisse ne peut être fait que par eux, à moins qu'on ne prétende qu'après avoir fait toutes les parties de la caisse ils ne les donnent ensuite aux Layetiers pour les attacher avec des clous. Mais cette proposition n'est pas supportable, & ne mérite pas d'être réfutée sérieusement; c'est pourquoi, malgré les Statuts allégués, & les Sentences qui les confirment, il n'est pas raisonnablement possible d'empêcher les Menuisiers de finir les caisses dont il est ici question, à moins qu'on ne décidât en même temps que toutes les caisses dont les côtés seroient cloués sur les pieds, seroient faites par les Layetiers, ce qui n'est pas possible pour celles qui ont 18 pouces à 2 pieds de hauteur, qui ne peuvent être bonnes qu'autant qu'elles seront construites avec du bois d'épaisseur convenable, corroyé à la verlope, & sur-tout que leurs paneaux seront joints à rainures & languettes.

deur d'une caiſſe, il faut d'abord ſe rendre compte de la nature des effets qu'elle doit contenir, de leurs nombres & de leurs formes, afin que ces effets y ſoient placés commodément, & qu'ils tiennent en même temps le moins de place qu'il eſt poſſible.

Quand les effets qu'on veut encaiſſer ſont ſolides, comme des meubles & autres choſes de cette nature, il n'y a pas grande difficulté à leur encaiſſement, il ſuffit de les placer ſur un lit de paille étendu ſur le fond de la caiſſe, en obſervant de mettre les plus groſſes pieces deſſous, & la partie qui eſt la moins apparente (comme par exemple le derriere d'une commode) couchée ſur ce lit de paille, ce qui étant fait, on garnit le pourtour avec des torches ou poignées de paille qu'on fait entrer à force entre les côtés de la caiſſe & la piece qui eſt placée dedans.

Quand il y a pluſieurs pieces placées à côté les unes des autres, ſoit ſur la longueur ou ſur la largeur de la caiſſe ou ſur les deux ſens à la fois, comme cela arrive le plus ſouvent, il faut avoir ſoin que les parties pleines & droites de ces mêmes pieces ſoient placées contre le pourtour de la caiſſe, en obſervant toujours de mettre une garniture de paille entre elle & cette derniere, & il faut faire en ſorte que les parties vides ou ſaillantes de ces pieces entrent les unes dans les autres, tant pour ménager la place, que pour ne laiſſer aucune eſpece de vide dans l'intérieur de la caiſſe.

Quand la forme des pieces qu'on veut encaiſſer rend ces vides inévitables, il faut faire en ſorte de placer entre de plus petits objets, & toujours mettre de la paille entre eux & les premiers, afin que ces différentes pieces ne touchent pas les unes aux autres en quelque façon que ce puiſſe être. Les garnitures de paille doivent être très-fermes, & n'avoir pas plus d'un pouce à un pouce & demi d'épaiſſeur, parce que ſi elles en avoient davantage, elles auroient trop de reſſorts, ce qui cauſeroit un ébranlement capable de déranger les pieces encaiſſées, & par conſéquent les expoſeroit à être endommagées, ſoit en tout ou en partie.

Quand il arrive que la forme des pieces qu'on encaiſſe eſt très-contournée ou qu'il y a à leurs ſurfaces des ornemens ſaillans, il faut abſolument les iſoler les unes des autres, non pas avec des garnitures de paille, mais avec des barres ſur leſquelles on attache des taſſeaux d'une épaiſſeur ſuffiſante pour qu'ils portent contre les parties les plus profondes ou du moins les plus droites de la piece, qui ſervent de fond aux ornemens qu'on veut ménager. Ces barres ſont attachées avec les côtés de la caiſſe, & dans la crainte que les clous qui les tiennent ne viennent à manquer, on les aſſure encore avec des taſſeaux attachés dans l'intérieur de la caiſſe, pour que ces barres ne puiſſent faire aucun mouvement.

Quand on a placé ces barres, on garnit l'eſpace qui reſte entre elles & les pieces encaiſſées, avec de la paille à l'ordinaire, pour remplir exactement tous les vides qui ſe trouvent, comme je l'ai dit ci-deſſus. Lorſqu'on met pluſieurs pieces ſur l'épaiſſeur d'une caiſſe, & qu'elles ne ſont pas droites & unies ſur leur ſurface, il les faut ſéparer par des barres ſemblables à celles dont je viens de parler, que l'on place le plus convenablement qu'il eſt poſſible, &, autant que faire ſe peut, en travers de la caiſſe, afin qu'étant moins longues elles aient plus de force.

Ces barres étant ainſi placées, on garnit tous les vides avec de la paille, du moins autant que cela paroît néceſſaire, après quoi on acheve d'emplir la caiſſe en ſuivant toujours la même méthode; & quand il arrive que la ſurface des dernieres pieces eſt d'une forme inégale, ou qu'étant droites, il reſte beaucoup de jeu entre elles & le deſſous du couvercle de la caiſſe, on y met encore des barres pour empêcher qu'elles ne ſe dérangent de place, ni qu'elles ballottent dans la caiſſe, ce qui arriveroit néceſſairement s'il y avoit une trop grande épaiſſeur de paille.

Quand la caiſſe eſt toute remplie, on y met le couvercle, en obſervant que ce dernier porte bien ſur les barres, &, ce qui eſt mieux, ſur des torons de paille, qu'on place ſur ces barres, afin que le deſſus de la caiſſe n'approche qu'avec peine des bords de cette derniere, & par conſéquent appuie mieux ſur les effets qui y ſont renfermés.

Quand une caiſſe eſt remplie avec toutes les précautions que je viens de recommander, il eſt preſque impoſſible que les effets qui ſont enfermés dedans puiſſent ſouffrir le moindre dommage, quelle que ſoit la longueur de la route qu'on lui fait faire & les chocs qu'elle éprouve pendant la route, parce que l'élaſticité de la paille rompt l'effort des chocs, & que les différens effets dont la caiſſe eſt remplie, étant bien ſerrés les uns contre les autres, ſe prêtent tout enſemble au mouvement comme s'ils ne faiſoient qu'un avec la caiſſe, que d'ailleurs les Conducteurs des voitures ont toujours ſoin de placer comme elle a été emplie, c'eſt-à-dire le couvercle en deſſus.

Les glaces, c'eſt-à-dire celles qui ſont toutes montées dans leurs trumeaux ou bâtis de menuiſerie, s'encaiſſent ſans qu'on ſoit obligé de mettre de la paille entre elles, ce qui ſe fait de le maniere ſuivante.

On commence d'abord par attacher ſur le fond de la caiſſe un châſſis compoſé de quatre barres ou taſſeaux de 9 lignes à 1 pouce d'épaiſſeur, & on diſpoſe la grandeur de ce châſſis, de maniere que quand la glace eſt poſée deſſus le bas de cette derniere, & un de ces côtés poſant juſte contre un des bouts & des côtés de la caiſſe, le châſſis ſoutienne le principal bâti du parquet, & que ce dernier proprement dit, & par conſéquent la glace qui eſt poſée deſſus, ſe trouvent iſolés en deſſous.

Quand ce châſſis eſt arrêté en place, on poſe la glace deſſus, & on prend bien garde ſi elle porte bien par-tout, après quoi on la retient en place par le moyen de pluſieurs barres poſées en travers de ſa largeur, & arrêtées avec les côtés de la caiſſe, comme je l'ai enſeigné ci-deſſus.

Ces barres ne portent pas immédiatement ſur les moulures qui entourent la glace, mais on les éleve en deſſus de ce qui eſt néceſſaire pour qu'elles n'y touchent

touchent pas, ainsi qu'aux autres ornemens sur lesquels elles posent, & on attache en dessous de ces barres, des tasseaux ou cales dont l'épaisseur est égale à cette élévation.

Il faut avoir soin que ces tasseaux soient placés de maniere qu'ils portent sur les parties lisses du bâtis du parquet, & par conséquent à l'aplomb du premier châssis, afin que toutes les épaisseurs de bois portent immédiatement les unes sur les autres, & contre le fond & le dessus de la caisse, pour qu'il n'y ait pas de porte à faux qui, dans des chocs, pourroit faire rompre la glace. Comme les endroits où posent ces tasseaux sont peints, ainsi que le reste du parquet, on met entre eux & ces dernieres, des cales de papiers ployés en plusieurs doubles, pour que le frottement du bois ne gâte pas la peinture.

Quand on a ainsi posé, placé & arrêté la premiere glace (qui doit être la plus grande de toutes), on place la seconde, & on l'arrête de la même maniere, puis la troisieme & la quatrieme, en observant toujours que le bas & un côté de chaque glace porte contre la caisse, & que toutes les barres qui séparent les glaces soient placées à l'aplomb les unes des autres, pour les raisons que j'ai dites ci-dessus.

Comme les glaces portent de deux côtés contre la caisse, leurs deux côtés opposés laissent nécessairement un vide entre eux & cette derniere, ce qui les exposeroit à ballotter dedans, si on ne prenoit la précaution de remplir ces vides par des bouts de planches attachés sur le champ sur le côté intérieur de la caisse; & quand il y a plusieurs glaces placées les unes sur les autres, on dégrade la largeur de ces planches suivant l'espace qui reste entre les glaces & la caisse; & quand la différence de la grandeur des glaces est très-considérable, on attache sur ces planches des tasseaux qui buttent entre les glaces & la caisse, & on met en travers un autre tasseau qui les entretient ainsi que les planches, pour les empêcher de se déranger.

Il est bon aussi qu'il y ait des entailles, soit aux planches ou aux tasseaux qui sont attachés dessus, dans lesquelles l'épaisseur du parquet puisse entrer, ce qui prévient toute espece d'ébranlement. Quand la caisse est pleine, on y attache le dessus qui doit toujours porter sur les dernieres barres, ou quand il se trouve de la distance entre la barre & le dessus, on y attache des tasseaux qui remplissent cette distance & assurent la solidité de l'encaissement.

Quand le dessus est attaché, on releve la caisse sur le champ & le côté sur lequel les glaces portent par en bas, ce qui est tout naturel, & on doit avoir soin de marquer le haut de la caisse, afin qu'en la chargeant on ne s'y trompe pas.

Il faut aussi marquer le dessus de la caisse, ce qui est général pour toutes, quels que soient leurs formes & leurs usages, pour les mêmes raisons que je viens de donner, c'est-à-dire pour l'instruction des Voituriers & de ceux qui chargent les voitures.

Les marbres en tables s'encaissent comme les glaces, c'est-à-dire avec des barres qui les séparent les uns des autres, à l'exception toutefois qu'il faut mettre des tasseaux ou cales de foin entre le marbre & le bois, tant par-dessous que par les côtés, en observant que ces tasseaux soient bien égaux d'épaisseur, afin que le marbre ne gauchisse pas, ce qui le feroit casser.

On encaisse quelquefois des vases, des figures de marbre, & autres effets précieux & fragiles; c'est alors qu'il faut redoubler de soin pour que ces effets ne souffrent aucun dommage dans le transport, ce qu'on ne peut éviter qu'en les encaissant de maniere qu'ils se trouvent tous isolés les uns des autres, ainsi que des bords de la caisse, sur le fond de laquelle il faut qu'ils soient arrêtés assez solidement pour qu'ils ne puissent se déranger en aucune façon. Il faut aussi que toutes leurs parties saillantes soient appuyées sur des tasseaux, afin que le contre-coup ou réaction des chocs ne les fassent pas tomber, comme cela pourroit arriver sans cette précaution.

Il faut avoir soin que les barres & les tasseaux qui isolent & soutiennent ces effets, soient légérement garnis de foin, afin d'éviter les frottemens, & de bien remplir ensuite tous les vides avec de la paille ou du foin, ce qui vaut encore mieux.

Quand les effets dont je parle sont très-petits ou d'une nature fragile, comme le cristal, la porcelaine, & autres, il faut les mettre dans de petites caisses d'une grandeur relative au sujet, c'est-à-dire qui puisse le contenir avec le moindre jeu possible; puis, après l'avoir placée dedans, on la remplit avec du son qu'on foule peu, à mesure qu'il y en a environ 2 pouces d'épaisseur, ce qu'on combine jusqu'à ce que cette caisse soit totalement emplie, après quoi on la ferme, & on la place dans une grande caisse à l'ordinaire.

On encaisse aussi des bouteilles pleines de vin ou d'autres liqueurs; pour cet effet on les entoure toutes de paille, & on en place debout dans le fond de la caisse autant qu'elle en peut contenir, en observant qu'elles soient toutes bien serrées les unes contre les autres; après quoi on en met un second rang, dont on place le goulot renversé dans le vide que forment les goulots de celles du premier rang, & ainsi de suite jusqu'à ce que la caisse soit parfaitement pleine, ce qui, je crois, n'a pas besoin d'autres explications.

Les Layetiers font encore d'autres especes de caisses ou étuis dont la forme & la grandeur sont données par celles des effets qu'elles doivent contenir; mais je n'entrerai dans aucun détail à ce sujet, vu que leurs constructions & la maniere de les remplir est à peu près toujours la même.

Tout ce que je puis dire ici, c'est que la partie des encaissemens est (du moins quant à présent) une des plus considérables de tout l'Art du Layetier, & qui demande de la part de ce dernier le plus d'attention & d'expérience, vu la diversité des objets qui se trouvent tous les jours à encaisser, & les soins que la plupart demandent, soit par rapport à leurs formes, ou à leur qualité plus ou moins fragile.

La *Fig.* 14 représente une autre espece de caisse nécessaire à tous les hommes, du moins à ce qui reste d'eux après leur mort. Cette sorte de caisse se nomme biere ou cercueil, mais plus communément biere; le nom de cercueil se donnant plus communément à ceux qui sont faits en plomb ou en bois, mais d'une forte épaisseur, & assemblée à queues (*a*).

Il y a des bieres de plusieurs formes, savoir, à quatre pans, à cinq pans, & à six pans. Celles de la seconde espece, représentées (*Fig.* 14.), sont les plus ordinaires; celles à six pans, représentées (*Fig.* 15.), ne servent guere que pour des sujets extrêmement gros; & celles à quatre pans indiquées par la ligne *f g*, même *Fig.*, ne servent que pour les enfans ou de petits sujets, ou même par économie, car on économise sur tout.

Les bieres se construisent avec des voliges de peuples, attachées par leurs extrémités sur des morceaux de sapin ou tout autre bois d'un bon pouce d'épaisseur; ces bouts, comme la *Fig.* 15, sont de différentes grandeurs, ce qui fait qu'on est obligé de diminuer les voliges d'un bout à l'autre, non pas en ligne droite, mais bombée, afin que la biere soit évasée du milieu, pour que le sujet y soit aisément placé, non pas que cela ne soit très-indifférent pour ce même sujet, mais c'est qu'il y a une espece d'inhumanité, ou, pour parler plus juste, d'indécence à fouler & même à briser les membres d'un mort, pour le faire entrer dans son cercueil, ce qui n'arrive cependant que trop souvent, & cela par l'avarice ou la négligence des gens chargés de cette opération.

SECTION II.

Des Ouvrages de Layeterie venant à Paris comme Marchandises foraines; de leurs formes, proportions & constructions.

Les ouvrages de Layeterie dont il me reste à parler, sont les boîtes proprement dites, les piéges de différentes especes, & quelques autres menus ouvrages.

Les boîtes sont de deux especes; savoir, les carrées, les rondes & ovales.

Les boîtes carrées sont construites en bois de goberge, dressé simplement à la plane, & rasé à bois debout avec des especes de grands ciseaux: ce qui est d'autant plus aisé à faire, que ce bois s'emploie presque tout vert. Ces boîtes sont apportées toutes ferrées au Bureau des Layetiers à Paris, où les Maîtres les lotissent entre eux après qu'elles ont été visitées & marquées au poinçon de la Communauté, ainsi que les autres marchandises foraines.

Il y a des boîtes de toutes grandeurs, depuis un pouce jusqu'à un pied & demi, & même deux pieds de longueur. Elles sont toutes faites de la même maniere, & avec de semblables bois, c'est-à-dire du hêtre fendu en goberge, & sont apportées par assortiment de six, qui sont toutes de grandeurs différentes, de maniere que la plus grande des six contient toutes les autres, qui, par ce moyen, se trouvent enfermées dedans. Les Provinces qui fournissent le plus de ces sortes de marchandises, sont la Picardie & la Champagne.

Les boîtes rondes & ovales (*Fig.* 17 & 18.) viennent la plupart de la Franche-Comté. Elles sont toutes faites en bois de sapin, & se construisent de deux manieres différentes, savoir, avec des pointes ou liens de fer-blanc, nommés clous à tranchet, ou elles sont simplement collées. Le bois qui forme le pourtour de la boîte, est très-mince, & n'a au plus qu'une ligne & demie d'épaisseur. Pour les plus grandes boîtes qui ont quelquefois jusqu'à 18 pouces de longueur, & vont tout en diminuant jusqu'à 1 pouce, le bois qui forme les fonds, tant du dessus que du dessous, est un peu plus épais, sur-tout aux grandes boîtes, où il est nécessaire qu'il soit assez épais pour pouvoir recevoir de petites chevilles, par le moyen desquelles on arrête le pourtour avec les fonds. En général, les boîtes dont je parle sont faites en bois de sapin fendu au contre & sur la maille autant qu'il est possible, sur-tout pour les cherches ou bordures qui en forment le pourtour, lesquelles ne sauroient être d'un bois trop liant, & sur-tout d'une densité à peu près égale, pour qu'elles ploient également dans toute leur longueur.

Ces boîtes sont toutes faites en Province, comme je l'ai dit plus haut. Cependant il y a à Paris quelques Layetiers qui en font; c'est pourquoi je vais donner ici une idée de leurs constructions, qui est à peu près la même à toutes sortes de boîtes, quelle qu'en soit la forme & la grandeur.

Quand on veut faire une boîte, on commence par en tailler les fonds, c'est-à-dire, lui donner la forme convenable, ce qui se fait par le moyen d'une espece de trusquin ou compas à verge, représenté (*Fig.* 20.), à l'extrémité duquel est placé un fer mince & aigu qui sert à découper le bois. Quand on fait usage de cet outil, on commence par arrêter la piece (*Fig.* 19.) sur l'établi, puis on place la pointe de la boîte A (*Fig.* 20.) au centre de la piece (*Fig.* 19.); & après l'avoir arrêtée à la distance convenable (c'est-à-dire selon le diametre que doit avoir la piece qu'on veut découper), on appuie légérement dessus de la main gauche, pour empêcher que la pointe ne se décentre, & de la droite on fait mouvoir l'extrémité B où est placée

(*a*). Les Menuisiers qui sont en droit de faire ces dernieres especes de cercueils, font aussi des bieres, malgré l'opposition des Layetiers qui leur ont long-temps disputé (car sur quoi les Communautés ne disputent-elles pas?). Enfin, après beaucoup de débats, & une saisie faite par ces derniers d'une quantité de bieres clouées de toutes formes & grandeurs, intervint une Sentence qui déclara la saisie bonne & valable, en faisant néanmoins main-levée des effets saisis, & déclarant qu'à l'avenir les deux Communautés jouiroient conjointement du droit de faire des bieres clouées, afin qu'il n'y ait plus de contestation pour rendre à l'humanité ce triste & dernier service.

la lame, par le moyen de laquelle le fond se trouve très-réguliérement découpé, & cela, d'autant mieux que le bois est tendre & d'une épaisseur peu considérable.

Cette maniere de découper les fonds des boîtes est très-commode, & n'a d'autre défaut que d'être peu propre, à cause du trou que la pointe de la boîte A (*Fig.* 20.) fait au centre du fond, à quoi on peut remédier en changeant la forme du compas à verge, pour le faire semblable à celui qui est représenté (*Fig.* 21.). Ce second compas differe du premier, en ce que c'est sa boîte C qui porte la lame à découper, & qu'au lieu d'avoir une pointe à son extrémité D, le bois de la tige est plus épais & plus large à cet endroit, & est percé d'un trou rond, pour donner passage au montant *h i* qui y entre librement, mais cependant assez juste pour que la tige du compas ne puisse pas se déranger en la faisant mouvoir autour.

Ce montant a 4 à 5 pouces de longueur, & est terminé à la partie inférieure par une espece de base qui sert à lui donner de l'empalement, & en même temps à retenir en place la piece *l m* qu'on veut découper, qui est retenue sur l'établi E, ainsi que le montant *h i*, par le moyen d'un valet dont la patte pose sur la partie supérieure du montant, comme on le peut voir dans cette Figure.

Au moyen de ce compas, on peut découper les fonds sans qu'il y ait de trou à son centre, & cet outil a encore l'avantage de couper le bois bien perpendiculairement, vu que sa tige étant très-large à l'endroit de l'œil ou trou par où passe le montant *h i*, son fer ne peut pas déverser en dedans ni en dehors.

Quand les boîtes sont d'une forme ovale, les deux extrémités des fonds se peuvent découper de la même maniere, & le reste du contour se finit avec le ciseau ou tout autre instrument tranchant, à moins que, pour les découper entiérement à l'outil, on ne construisit ce dernier comme une croix ou équerre mobile; mais cet outil, quoique d'un très-bon usage, deviendroit un peu compliqué & par conséquent cher, c'est pourquoi on n'en fait pas usage (*a*).

Quand les fonds sont disposés, on fait les pourtours de la boîte, qui, comme je l'ai dit plus haut, sont de bois très-mince, & sur-tout bien de fil, & dressé à la plane comme tous les autres bois de fente. On commence d'abord par les mettre à la largeur convenable; après quoi, pour en déterminer la longueur, on prend le pourtour du fond, & on ajoute à cette longueur ce qu'il faut que les deux extrémités de la cherche recouvrent l'une sur l'autre (ce qui est plus ou moins considérable, selon la grandeur des boîtes); ce qui étant fait, on coupe la cherche de longueur, & on en aminci les deux extrémités dans la longueur du recouvrement, pour que les deux épaisseurs de bois ne deviennent pas trop considérables, comparaison faite avec le reste du pourtour de la boîte.

On roule ensuite la cherche autour du fond le plus juste qu'il est possible, & en cet état on la saisit de la main gauche, après quoi on retire le fond & sans quitter la cherche, & on en arrête les deux extrémités par le moyen d'un tenon, comme on peut le voir à la *Fig.* 22.

Le tenon (*Fig.* 23.) n'est autre chose que deux bouts de bois d'environ un pouce de largeur sur 8 à 9 lignes d'épaisseur, & environ 1 pied de longueur, qui sont attachés solidement ensemble par un bout, de maniere cependant qu'on puisse les écarter un peu l'un de l'autre pour pouvoir passer la cherche entre, & ensuite les lier pareillement de l'autre bout, pour tenir les extrémités de la cherche d'une maniere fixe, & y mettre les clous à tranchet, comme je le dirai ci-après.

On fait encore une autre espece de tenon, représenté (*Fig.* 24.), qui differe du premier en ce qu'au milieu de sa longueur il y a une vis F, par le moyen de laquelle on peut l'ouvrir & le fermer comme on le juge à propos. Les branches de ce tenon doivent être un peu écartées du haut, & creuses en dedans sur la longueur, afin qu'en serrant la vis, elles saisissent & pressent également la cherche dans toute sa largeur. Cette sorte de tenon est très-commode pour monter les boîtes, tant celles qu'on colle, que celles qui sont clouées avec des clous à tranchet.

Ces clous ne sont autre chose que des morceaux de fer-blanc mince, taillés un peu en diminuant d'un bout, comme celui représenté (*Fig.* 25.).

On place les clous à tranchet le plus près de l'extrémité extérieure de la cherche qu'il est possible; & pour qu'ils ne fassent pas fendre le bois de cette derniere, on en coupe les fibres à bois debout avec une espece de ciseau ou bec d'âne très-mince, représenté (*Fig.* 26.).

Après quoi on enfonce le clou environ jusqu'à la moitié de sa longueur, & on le reploie en dedans & en dehors, en l'appuyant sur le bout de la bigorne, représentée Pl. 1. (*Fig.* 8.).

Il faut toujours mettre deux clous, au moins sur la largeur de la cherche, & reployer les clous en dedans, opposés l'un à l'autre, & la partie la plus large à l'extérieur de la cherche, comme on peut le voir à la *Fig.* 27.

Quand les boîtes sont d'une certaine grandeur, on met trois ou quatre clous au joint de leurs cherches, savoir, deux pour arrêter le bout extérieur à l'ordinaire, & les autres pour arrêter le bout intérieur.

Quand la cherche ou pourtour de la boîte est ainsi terminée, on y place le fond, qu'on arrête ensuite, soit avec des petits clous d'épingle, ou, ce qui est le plus en usage, avec des chevilles de

(*a*) Comme on ne fait pas de ces sortes de boîtes à Paris, je n'ai pas été à portée de savoir au juste si on avoit des outils propres à découper leurs fonds: si donc je dis qu'on n'en fait pas usage, c'est que de toutes les boîtes ovales que j'ai examinées, les fonds étoient contournés au ciseau, du moins par les côtés.

ſapin qui paſſent au travers de la cherche, & entrent un peu à force dans l'épaiſſeur du fond où on fait des trous pour les recevoir; & pour ne pas faire fendre les cherches, on y fait des petites mortaiſes carrées à l'endroit de chaque trou, pour laiſſer paſſer la cheville, dont la tête ou extrémité ſupérieure eſt auſſi carrée.

Le couvercle de la boîte ſe conſtruit de la même maniere que le deſſous ou partie principale, à l'exception que ſon fond doit être plus grand que celui de deſſous de l'épaiſſeur de la cherche de ce dernier, plus le jeu néceſſaire qui, cependant, doit être très-peu conſidérable, afin que le couvercle tienne mieux en place & ne puiſſe pas s'ouvrir ſeul. Il faut cependant obſerver qu'il y a des boîtes dont l'intérieur, tant du corps que du deſſous, & le couvercle doivent être garnis de papier; ce qui oblige à y laiſſer un peu plus de jeu qu'aux autres, afin que ce dernier ne ſe déchire pas en ouvrant ou en fermant la boîte.

Les petites boîtes ne ſont pas clouées, mais on les colle tant à l'endroit du joint de leurs cherches que de leurs fonds avec ces dernieres. Il y en a même de grandes qui viennent d'Allemagne, qui ſont ainſi collées, & qui ſont faites avec toute la propreté & la préciſion poſſibles, & où, pour ſolidifier le joint des cherches, on y met, après qu'elles ont été collées, des liens faits avec des copeaux d'érable très-minces, qui paſſent trois fois au travers de l'épaiſſeur de la cherche & y ſont collées, comme on peut le voir aux *Fig.* 28 & 29.

En général, il faut que le fond des boîtes ſoit fait avec du bois très-ſec, parce que ſi cela n'étoit, il ſe retireroit après avoir été poſé en place; ce qui les feroit ſéparer du corps de la boîte, ou y feroit, du moins par partie, des jours très-déſagréables à voir.

Quant aux cherches, c'eſt tout le contraire, car il faut que le bois dont on les fait ſoit employé vert, afin qu'il ploie plus aiſément, ſuivant le contour de la boîte, & qu'elles ne ſe fendent pas en les travaillant; ce qui arriveroit néceſſairement ſi on ne prenoit pas la précaution de prendre du bois vert, ou bien, s'il étoit un peu ſec, de le mouiller avant que de le mettre en œuvre, ce qui vaudroit peut-être encore mieux.

Les boîtes rondes & ovales ſont de toutes grandeurs, & on les apporte à Paris comme les carrées, c'eſt-à-dire, par aſſortiſſement de ſix qui ſont enfermées les unes dans les autres, & qui par conſéquent diminuent toutes de grandeur, comme je l'ai dit ci-deſſus en parlant des boîtes carrées.

Pl. 7. Les piéges dont il me reſte à traiter, ſont des eſpeces de petits meubles de très-peu de conſéquence, mais d'une très-grande utilité, ſur-tout pour les gens de la campagne & du commun des Villes, parce qu'ils n'habitent pour l'ordinaire que des maiſons vieilles ou mal-propres, où ils ſont continuellement expoſés aux ravages des rats & des ſouris, qu'il leur eſt par conſéquent très-important d'empêcher; ce qui ne peut être que par la deſtruction de ces eſpeces d'animaux, qu'on ne peut prendre qu'en leur tendant des piéges ou en les faiſant prendre par des chats. Mais, il y a des lieux, comme les endroits où on conſerve la nourriture, ou dans leſquels on emmagaſine des choſes auxquelles les chats feroient autant de tort que les animaux qu'on veut détruire par leurs moyens, ſoit par leur voracité naturelle ou par leurs mal-propretés, où l'on doit quelquefois préférer les piéges dont je vais faire la deſcription.

La *Fig.* 1 de cette Planche repréſente une ratiere de la grande eſpece; c'eſt une eſpece de boîte longue d'environ 14 à 15 pouces & de 6 à 7 pouces en carré. Un des bouts de cette boîte eſt percé d'une ouverture garnie de gros fils de fer en forme de grille, comme on peut le voir dans cette Figure, & dans la *Fig.* 3 qui repréſente la ratiere vue du côté de cette ouverture.

L'autre extrémité de la ratiere eſt ouverte dans toute ſa largeur, pour donner paſſage à l'animal qu'on veut prendre, & ſe ferme par le moyen d'une porte *a b* (*Fig.* 2.), laquelle gliſſe à couliſſe entre deux montans placés perpendiculairement aux deux côtés de la boîte. Cette partie eſt retenue ouverte, ou, pour mieux dire, levée par le moyen d'un crochet de fer *c*, qui entre dans une entaille faite à environ la moitié de l'épaiſſeur de cette derniere.

Ce crochet *c* eſt attaché à un montant ou garot, dont la partie ſupérieure entre dans une corde qui paſſe au travers de l'épaiſſeur des deux montans. Cette corde eſt double, & eſt tordue à l'extérieur des montans, par le moyen de deux petits morceaux de bois avec leſquels elle eſt attachée, de maniere qu'elle ſert de reſſort pour faire appuyer le garot *d e* contre la porte, & pour le retenir en place.

A l'autre extrémité de la ratiere, à environ deux pouces de la grille, eſt placé un levier ou baſcule de gros fil de fer *f g*, qui paſſe au travers d'un trou fait au deſſus de la boîte, dans lequel il ſe meut librement, & y eſt retenu par le moyen d'un axe qui paſſe à travers du nœud ou œil que forme le repli du levier & du trou du deſſus de la boîte, ſur les bords deſquels cet axe eſt attaché.

L'extrémité ſupérieure *f* du levier eſt terminée par un œil, dans lequel eſt arrêté un bout de fil de fer qui correſpond au bas du garot *d e* où il eſt pareillement attaché, de ſorte que quand l'animal, attiré par l'odeur de l'appât placé à l'extrémité inférieure du levier en *g*, entre dans la ratiere pour manger cet appât, il fait effort pour le tirer à lui, ce qui fait mouvoir la partie ſupérieure du levier en arriere, & par ce moyen dégage le crochet *c* du garot qui ſoutient la porte de la ratiere, qui alors tombe toute ſeule par ſon propre poids, & enferme l'animal dans la ratiere.

Comme les rats ſont ordinairement très-vigoureux, & qu'il y auroit à craindre qu'à force de travail ils ne parvinſſent à lever la porte, il y a à la partie ſupérieure de cette derniere une entaille ſemblable à celle du bas, dans laquelle entre le crochet *c*, dont le deſſous butte contre la porte & l'empêche de ſe relever, comme on peut le remarquer aux *Fig.* 1, 2 & 3.

L'intérieur

L'intérieur de la ratiere, du côté de la grille, eſt garni en fer blanc ou en tôle, parce que ſi on ne prenoit cette précaution, les rats déchireroient le bois, & parviendroient à ſe ſauver par ce moyen. On prend auſſi des chats avec ce même piége, qu'on fait alors plus grand que celui-ci, mais qui au reſte eſt conſtruit de la même maniere; toute la différence qu'il y a, c'eſt qu'on les nomme chatieres. Les *Fig.* 4 & 5 repréſentent une ſouriciere nommée ſouriciere à bâton. Elle differe de la ratiere dont je viens de parler, non ſeulement par la grandeur, mais encore par la maniere dont ſa porte eſt ſuſpendue, encore qu'elle ouvre perpendiculairement comme à cette derniere.

La porte de la ſouriciere à bâton eſt ſuſpendue par le moyen d'une corde attachée d'un bout au milieu de ſon extrémité ſupérieure, & de l'autre à un bâton, ou balancier porté par une fourchette de bois plantée à peu près au milieu du deſſus de la ſouriciere; & pour que cette porte ne ſe dérange pas lorſqu'elle hauſſe ou baiſſe, il y a à ſon extrémité inférieure deux pitons de fil de fer, dans leſquels gliſſent deux barreaux de même matiere, qui traverſent la ſouriciere dans toute ſa hauteur, comme on peut le voir à la *Fig.* 5, qui repréſente cette derniere, vue du côté de la porte.

Quand on veut tendre cette ſorte de ſouriciere, on fait deſcendre le balancier du côté du levier de fil de fer, dont l'extrémité a un petit crochet qui arrête ce dernier, qui, en cet état, tient la porte ſuſpendue; & quand l'animal vient à tirer l'appât qui eſt attaché à l'autre extrémité du levier, le crochet gliſſe de deſſus le bout du balancier, & la porte tombe & ferme la ſouriciere, où la ſouris ſe trouve priſe.

La porte ainſi fermée ne peut plus s'ouvrir, quelques efforts que faſſe l'animal, parce que le bout de la baſcule, auquel la porte eſt attachée, a une petite entaille qui vient butter contre le deſſus de la porte, qui, pour cet effet, eſt abattu en chanfrein, comme on le peut voir à la *Fig.* 4, & encore mieux à la *Fig.* 6, où j'ai repréſenté plus en grand la baſcule dans ces deux ſituations, c'eſt-à-dire, quand la porte eſt levée, & lorſqu'elle eſt abaiſſée & retenue en place par l'extrémité de la baſcule; voyez auſſi la *Fig.* 7, qui repréſente cette même baſcule, vue de face.

La *Fig.* 8 repréſente une autre eſpece de ſouriciere, nommée ſouriciere à baſcule, & cela à cauſe d'une ouverture pratiquée dans le milieu du deſſus, laquelle eſt remplie par une trape poſée en baſcule, & qui ſe meut autour de deux tourillons de fil de fer, par le moyen deſquels elle eſt arrêtée en place; au devant de cette trape, c'eſt-à-dire, du côté qu'elle entre, dans la ſouriciere il y a une eſpece de petite enceinte fermée de trois côtés, & recouverte en deſſus dans environ un pouce & demi de largeur. Cette enceinte affleure bien exactement l'ouverture de la trape, afin que lorſque la ſouris vient à marcher ſur la trape pour prendre l'appât attaché au crochet *h* (*Fig.* 9.), elle ne trouve rien qui puiſſe l'empêcher de tomber dans la ſouriciere où elle ſe trouve enfermée, la trape ſe refermant d'elle-même, à quoi elle eſt obligée par le poids de ſa partie ſupérieure, qui étant plus longue que l'autre, eſt par conſéquent plus peſante.

Le deſſous de la partie de la trape qui n'ouvre pas, du moins en dedans de la ſouriciere, eſt bouché par une petite planche ſur laquelle la trape vient ſe repoſer, & on tient cette planche aſſez large du devant, pour empêcher que la trape n'ouvre perpendiculairement, & pour que cette derniere, en frappant deſſus, acquiere de la force pour retomber à ſa place, où on la retient par le moyen d'un crochet placé ſur le bord de l'ouverture de la trape, comme on le peut voir à la *Fig.* 8.

Les tourillons qui portent la trape, ſont de fil de fer; ils entrent au milieu de ſon épaiſſeur, & ſailliſſent d'environ 3 lignes de chaque côté. Ces tourillons entrent en entaille dans le deſſus de la ſouriciere, & ſont retenus en place par les deux côtés de l'enceinte de deſſus, comme on peut le voir à la *Fig.* 10.

A l'extrémité oppoſée de la grille de la ſouriciere, il y a une porte par laquelle on retire la ſouris. Cette porte eſt ferrée avec des charnieres de fil de fer, & arrêtée avec un crochet à l'ordinaire.

Quelquefois au lieu de charnieres, on ſe contente d'y mettre deux pointes, l'une au deſſus & l'autre au deſſous de la ſouriciere qui y forment des eſpeces de pivots; dans ce cas, il faut abattre en chanfrein l'arête extérieure de la porte, pour en faciliter l'ouverture.

Dans ce dernier cas, il faut que le côté de la ſouriciere qui porte la porte, ou du moins où les pivots ſont poſés, ſoit plus long que l'autre de l'épaiſſeur de cette derniere, c'eſt-à-dire la porte.

La *Fig.* 11 repréſente une autre ſorte de piége, nommé quatre de chiffre ou ſûre-guette. C'eſt une eſpece de boîte plate de 6 à 8 pouces en carré, laquelle a des rebords d'environ 2 pouces de hauteur du devant, & environ un tiers moins ſur le derriere. En dedans de cette boîte eſt placée une trape qui y entre toute en vie & même avec un peu de jeu. Cette trape eſt adhérente au rebord du derriere de la boîte qui eſt un peu large, & cela par le moyen de deux charnieres, qui, le plus ſouvent par économie, ne ſont autre choſe que deux morceaux de cuir attachés ſur l'une & ſur l'autre piece.

Aux deux côtés & ſur le devant de la boîte s'élevent deux montans d'environ 8 pouces de hauteur qui vont en s'évaſant du haut, & dont l'écart eſt entretenu par une traverſe un peu large, au deſſous de laquelle paſſe une corde torſe en dehors comme à la chatiere (*Fig.* 1.). Du milieu de cette corde ſort un garot un peu large par ſa partie inférieure, lequel appuie ſur la trape lorſqu'elle eſt levée, & vient s'appuyer contre un rebord placé à l'extrémité extérieure de cette derniere lorſqu'elle eſt abaiſſée.

La longueur du garot doit être telle, que quand la trape eſt abaiſſée il porte immédiatement deſſus, du moins à une ligne ou deux près, afin qu'elle ne puiſſe plus ſe relever qu'en repouſſant le garot en arriere. Au rebord du devant de la boîte il y a une entaille un peu évasée du haut, dans laquelle passe la tige d'une croix qui est attachée avec une ficelle par l'autre bout, vers le milieu de la boîte, comme on le peut remarquer à la *Fig.* 12, qui représente cette croix & la boîte toute découverte. Au milieu de la traverse qui tient l'écart des deux montans, est attachée une ficelle, dont l'autre bout retient un petit étrésillon de bois, dont les extrémités sont abattues à vives arêtes sur le plat; cet étrésillon a environ un pouce & demi de longueur, & sert à soutenir le poids de la trape par son bout supérieur, & est arrêté de l'autre dans une entaille faite à l'extrémité & sur le plat de la branche excitante de la croix, comme on le peut voir à la *Fig.* 11.

Quand on veut faire usage du quatre de chiffre, il faut avoir soin que la corde qui tient l'étrésillon soit d'une longueur suffisante, pour que quand l'étrésillon est placé dessous la trape, il la tienne élevée au moins d'un pouce & demi au dessus du rebord de la boîte. La trape étant ainsi levée, on hausse le bout de la croix pour y faire entrer le bout inférieur de l'étrésillon qui s'y arrête de lui-même, vu que le poids de la trape & du garot qui appuie sur son autre bout, forme un levier auquel la corde sert de point d'appui. Tout étant dans cet état, lorsque la souris entre dans la boîte & monte sur une des parties de la croix à laquelle l'appât est attaché, elle fait infailliblement baisser cette derniere, & par conséquent échapper l'étrésillon, qui, n'étant plus arrêté par sa partie inférieure, tourne & laisse tomber la trape sous laquelle la souris se trouve écrasée, ou du moins prise de maniere qu'elle ne peut pas s'échapper.

La *Fig.* 13 représente une espece de souriciere nommée panier. Elle est composée d'une petite planche d'environ 6 pouces en carré, sur laquelle est arrêtée une espece de cage de fil de fer de 3 à 4 pouces de hauteur, d'une figure à peu près hémisphérique, applatie du dessus, au milieu duquel est observé un trou rond, dans lequel est placé une espece de nase ou herse ronde par son plan, & dont le diametre va un peu en diminuant à son extrémité inférieure, où elle n'a qu'environ 6 à 8 lignes de diametre, ce qui est suffisant pour donner passage à une souris, vu que les fils de fer qui composent cette herse sont très-fins & aigus par le bout, ce qui les rend plus aisés à ployer, quoiqu'on ne les fasse pas recuire, pour qu'ils conservent mieux leur élasticité, & fassent par conséquent ressort quand la souris fait effort pour entrer dans le panier. Quelquefois il y a deux herses, l'une placée en dessus & au centre du panier, & l'autre en bas & sur le côté, comme à la *Fig.* 14, ce qui ne fait aucun changement à la construction de ce dernier, si ce n'est que l'ouverture de cette nase ou herse interrompt le cours des fils de fer horizontaux qu'on est obligé de rompre ou de coucher à cet endroit, ainsi que celui de la porte qui est faite avec un petit morceau de tôle ou de fer blanc. Cette porte est attachée d'un bout avec un lien de fil de fer qui lui sert de charniere, & est arrêtée de l'autre par un crochet aussi de fil de fer qui entre dans l'intérieur de la cage, & qui est ployé de maniere qu'il fait ressort contre le montant supérieur sur lequel il porte.

Le corps du panier est composé de six ou huit montans de moyen fil de fer ployé selon la courbure de ce dernier, comme à la *Fig.* 14. L'extrémité supérieure de ces montans s'accroche dans le premier cercle de la nase, & par le bas ils entrent dans des trous faits jusqu'à environ les deux tiers de l'épaisseur de la planche, & y sont arrêtés par des liens de fil de fer très-fins & recuits, qui passent en dessus de cette derniere. Ces liens doivent être d'une longueur suffisante pour pouvoir arrêter les fils de fer horizontaux qu'ils entourent ainsi que les montans, comme on le peut voir dans cette Figure. Les fils de fer qui forment le pourtour du panier sont moins gros que les montans, & ils forment au pourtour de ce dernier une hélice qui vient se terminer à l'ouverture du dessus où on l'arrête.

Cette espece de souriciere n'a pas besoin d'être tendue, les souris s'y enferment d'elles-mêmes, ou y demeurent le corps pris dans les pointes des herses, dont on ne peut les retirer qu'en les forçant d'entrer dans le panier, sans quoi on courroit risque de rompre ces pointes, & par conséquent de gâter la souriciere.

La *Fig.* 15 représente une autre souriciere nommée billot; ce n'est qu'un morceau de bois, dans un des côtés duquel est un trou (*Fig.* 16.) de 15 à 18 lignes de diametre, & environ 3 pouces de profondeur. Sur le devant du billot & perpendiculairement au trou, il y a une mortoise de deux lignes d'épaisseur & 20 lignes à 2 pouces de longueur. Cette mortoise passe au travers de l'épaisseur du billot, & sert à passer un anneau de fil de fer attaché au bout d'un ressort, dont je parlerai ci-après. Dans l'intérieur du trou & environ 6 lignes après la mortoise, sont verticalement placés deux barreaux de fil de fer qui interceptent l'ouverture de ce dernier, de maniere que la souris ne peut pas passer entre eux & les côtés du trou, & qu'il ne se trouve d'espace libre qu'entre ces barreaux, comme on le peut voir aux Figures 16 & 17. Dans l'espace qui reste entre la mortoise & ces barreaux, il y a deux trous de vrille, distans de 5 à 6 lignes l'un de l'autre, lesquels passent au travers de l'épaisseur du billot, afin d'y pouvoir passer le fil avec lequel on tend le ressort.

Le ressort du billot est un morceau de gros fil de fer qui entre d'un bout dans le derriere du billot, où il est arrêté par un crampon de même matiere placé un peu plus haut. Au dessus du billot, il est replié deux fois sur lui-même, en forme d'anneau d'environ un pouce de diametre, afin d'en augmenter l'élasticité & qu'il fasse mieux ressort, & sa partie supérieure est terminée par un crochet qui porte l'anneau de fil de fer dont j'ai parlé ci-dessus.

Quand on veut tendre cette sorte de souriciere, on fait ployer le ressort jusqu'à ce que l'anneau qui est suspendu au bout soit entiérement caché dans sa mortoise, & laisse libre l'ouverture du trou; le ressort étant ainsi ployé, on le retient en cet état par un fil à coudre, qui passe par les deux trous de vrille percés en travers de l'épaisseur du billot, & noués en dessus du ressort.

Comme ce fil passe à peu près dans le milieu du trou du billot, il en bouche l'ouverture, de maniere que quand la souris vient pour prendre l'appât placé au fond du trou & au delà des barreaux de fer, elle trouve les deux brins de fil qui l'empêchent d'avancer; alors elle coupe le fil, & si-tôt qu'il est rompu, le ressort se redresse & fait monter l'anneau, qui venant à rencontrer la souris, la saisit par le travers du corps, & la presse contre la partie supérieure du trou, laquelle est armée de deux ou trois pointes de fer qui entrent dans le corps de la souris, & l'empêchent de s'échapper, quelques efforts qu'elle fasse.

Il y a des billots doubles, triples, quadruples, &c. c'est-à-dire qui ont deux, trois & quatre trous, & même davantage, pour prendre autant de souris en une même nuit. Ces billots ne different de celui-ci que par la grandeur, leur construction étant d'ailleurs la même.

La *Fig.* 18 représente une souriciere nommée planchette. C'est une petite planche d'environ 7 à 8 pouces de longueur & 4 de largeur, au milieu & sur le plat de laquelle est attaché un autre morceau de bois d'une longueur à peu près égale, & de 6 à 7 lignes d'épaisseur. Ce morceau a environ 3 pouces de largeur, & est entaillé en dessous, dans sa partie antérieure, à la longueur de trois pouces.

Aux deux côtés de ce morceau de bois sont attachées les deux extrémités d'un ressort de gros fil de fer fait en forme de collet, comme on le peut voir (*Fig.* 19.), où il est vu à plat. Au milieu de ce collet est attaché une ficelle qui, de son autre bout, tient à un petit étrésillon de bois, d'une longueur suffisante pour être compris entre le dessus du morceau de bois & le crochet du levier ou bascule de fil de fer où on attache l'appât. C'est par le moyen de cet étrésillon qu'on tend ce piége, parce que la corde qui y est attachée au ressort ou collet & à l'étrésillon, n'a de longueur que ce qu'il faut pour que quand l'étrésillon est à sa place, le collet se trouve élevé d'un bon pouceau dessus de la planchette, afin que la souris puisse passer entre les deux, pour prendre l'appât attaché au bout du levier de fil de fer, qui, au moindre mouvement, s'échappe de dessus le bout de l'étrésillon, qui n'étant plus retenu, est entraîné par le collet qui tombe avec violence sur la planchette & y arrête la souris, & même l'étouffe quand il la saisit par le milieu du corps. De plus, le dessus de la planchette est armé de cinq ou six pointes de fer placées à l'intérieur du ressort, qui servent encore à l'arrêter, supposé qu'elle ne fût pas suffisamment prise par ce dernier. Voilà à peu près le détail de tous les ouvrages de Layeterie, tant ceux que les Layetiers fabriquent eux-mêmes, que ceux qu'ils tirent du dehors. Quant à ces derniers, je me suis plus attaché à en décrire la forme & les usages, qu'à ce qui est de leurs constructions proprement dites, parce que la maniere de construire ces derniers ouvrages ne differe guere de celle des autres, & que les outils qu'on y emploie sont à peu près les mêmes, excepté cependant ceux propres à faire les boîtes rondes & ovales dont j'ai parlé ci-dessus, & ceux avec lesquels on fait des trous pour placer le fil de fer, lesquels ne se font pas avec des vrilles, mais avec des petits forets ou tournets, semblables à ceux dont les Oiseliers font usage pour la construction de leurs cages de différentes sortes.

Je ne m'étendrai pas davantage au sujet des ouvrages de Layeterie, parce que ce détail seroit inutile, ce que j'en ai dit jusques ici étant très-suffisant pour donner une idée juste & précise de cet Art qui d'ailleurs est peu considérable (*a*), & qui, ainsi que celui du Tourneur en bois, a été réuni à celui du Menuisier, par l'Edit du mois d'Août 1776.

(*a*) On observera que j'ai été aidé, dans la Description de cet Art, par M. Landru, Maître Layetier, rue Saint-Jacques, vis-à-vis l'Hôtel de la Couture, près Saint-Benoît, lequel m'a rendu tous les services qui dépendoient de lui, afin de donner à cette Description l'exactitude & l'étendue dont elle pouvoit être susceptible.

FIN.

EXTRAIT DES REGISTRES
DE L'ACADÉMIE ROYALE DES SCIENCES.

Du 29 Mars 1775.

L'Art du Layetier, par le Sieur Roubo fils, Maître Menuisier à Paris, Associé Honoraire de la Société des Arts de Geneve.

CET Art est, en quelque façon, un diminutif & une suite de celui du Menuisier : il est même probable qu'anciennement ils ne faisoient qu'un même Corps ; mais aujourd'hui les Layetiers forment à Paris une Communauté particuliere qui est même assez ancienne. Leurs ouvrages sont simples, ils ne sont point assemblés à tenons & mortoises ; les planches sont posées à plat joint, sans languettes ni rainures ; leurs ouvrages ne sont point décorés de moulures ; les clous, quelquefois les vis en bois, des équerres de tôle, ou qu'on forme avec des bouts de cerceaux de futailles qu'on plie en forme d'équerre, c'est à quoi se réduisent tous leurs assemblages. Ainsi ils n'emploient pas, à beaucoup près, autant d'outils que les Menuisiers ; mais ceux dont ils se servent, sont semblables à ceux des Menuisiers : l'établi & tout ce qui en dépend, les scies à refendre, celles à débiter ou à tourner, des rabots, des villebrequins, des vrilles, des marteaux, des tricoises, &c., tous ces outils different peu de ceux des Menuisiers.

Leurs principaux ouvrages sont des caisses pour emballer des marchandises quelquefois délicates & casuelles ; de sorte que l'adresse & l'industrie des Layetiers consistent principalement à faire ces emballages de façon que les effets ne courent point risque d'être brisés dans le transport, & il y a des cas où l'intelligence de l'Ouvrier se fait appercevoir. Ils vendent en outre quantité de boîtes & de coffrets qui sont assemblés avec des pointes, dont les charnieres sont faites avec du fil de fer ou de cuivre, & les fermetures avec des crochets. Il est vrai que pour ces sortes d'ouvrages, ils sont plutôt Marchands qu'Ouvriers, la plupart leur étant apportés par des Marchands forains. Mais quand ceux qu'on leur demande sortent des formes les plus ordinaires, ils sont obligés de les faire eux-mêmes, ainsi ces ouvrages font partie de leur métier.

Quoi qu'il en soit, le sieur Roubo a divisé son Ouvrage en deux Chapitres, qui sont subdivisés en plusieurs articles qu'il nomme Sections, & les Sections en quelques Paragraphes.

Dans le Chapitre premier, il s'agit des bois & des outils qui servent à la construction des ouvrages de Layeterie considérés en général. Dans la premiere Section, on détaille les bois propres aux ouvrages de Layeterie, de leurs différentes qualités & de leurs usages. Dans la seconde Section, l'Auteur décrit les outils qu'emploient les Layetiers ; il explique ensuite, dans deux Paragraphes, la maniere de travailler les bois relativement aux ouvrages de Layeterie, & les ferrures propres à ces ouvrages, la maniere de les construire & de les poser, car ce sont eux qui les font.

Dans le second Chapitre, M. Roubo traite des ouvrages de Layeterie qu'on divise en deux classes qui font le sujet de deux Sections ; il parle, dans la premiere, des ouvrages que les Layetiers de Paris construisent eux-mêmes ; de leurs formes, proportions & constructions : dans la seconde Section, il s'agit des ouvrages de Layeterie qu'on apporte à Paris, comme marchandises foraines ; de leurs formes, proportions & constructions. Tout cela est exposé très-clairement : ainsi nous jugeons que ce petit Art peut paroître dans la suite de ceux de l'Académie.

Ce 29 Mars 1775, DUHAMEL DU MONCEAU.

JE certifie l'Extrait ci-dessus conforme à son original, & au Jugement de l'Académie. A Paris, le 25 Avril 1775.

GRANDJEAN DEFOUCHY, Secrétaire Perpétuel
de l'Académie Royale des Sciences.

TABLE DE L'ART DU LAYETIER.

FIN de la Table.

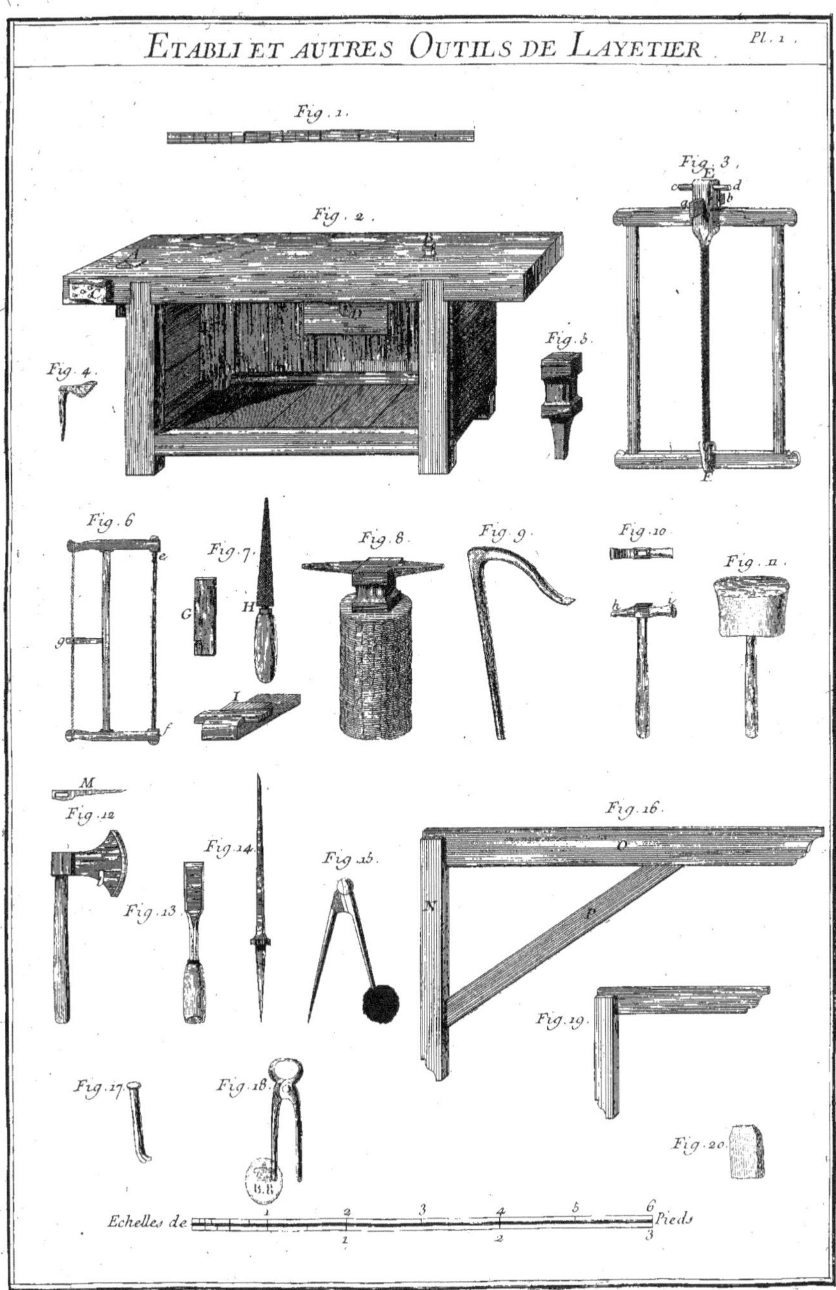

A. J. Roubo Inv. Del. et Sculp

RIFLARD RAINOIRE QUART DE ROND ET COLOMBE avec leurs Developpements

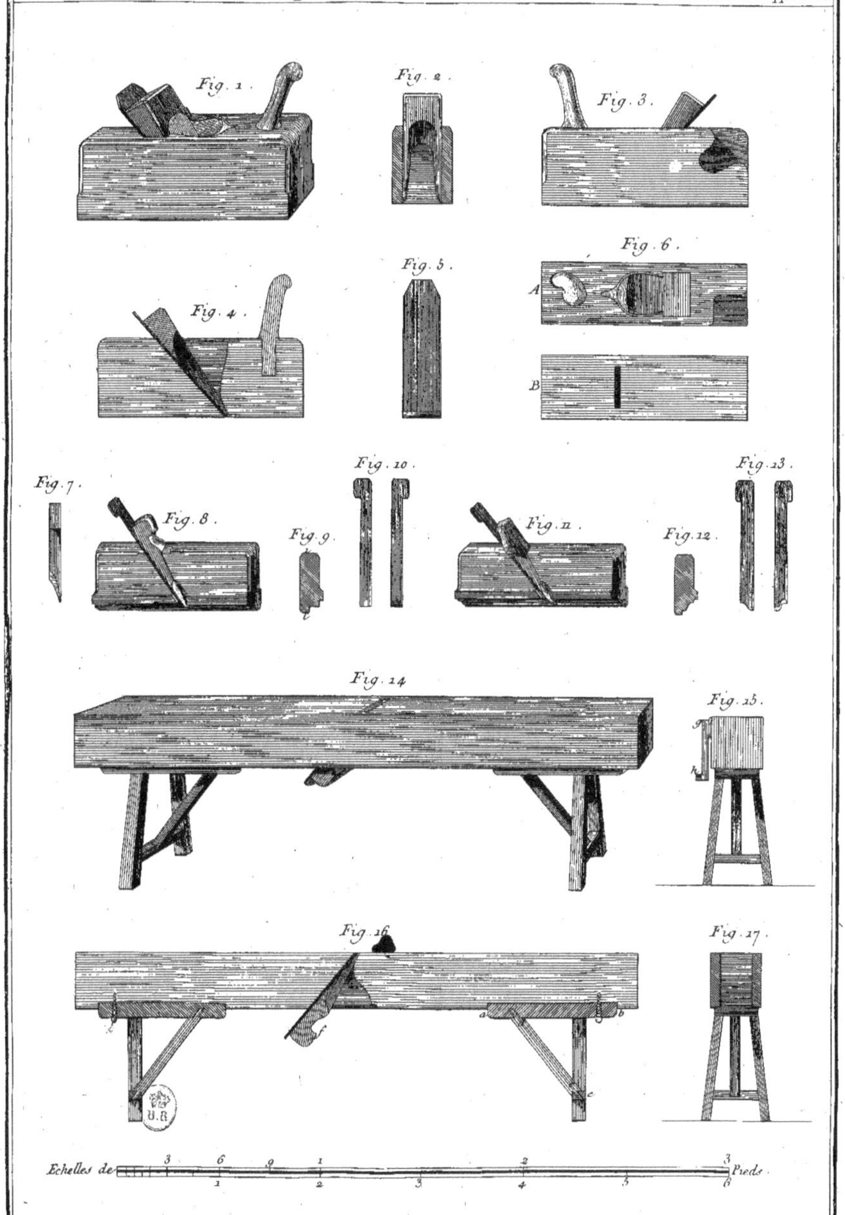

Fig. 1. Fig. 2. Fig. 3.

Fig. 4. Fig. 5. Fig. 6. A B

Fig. 7. Fig. 8. Fig. 9. Fig. 10. Fig. 11. Fig. 12. Fig. 13.

Fig. 14. Fig. 15. g h

Fig. 16. a b c f Fig. 17.

Echelles de 3 6 9 1 2 3 Pieds. 1 2 3 4 5 6

A. J. Roubo Inv. Del. et Sculp.

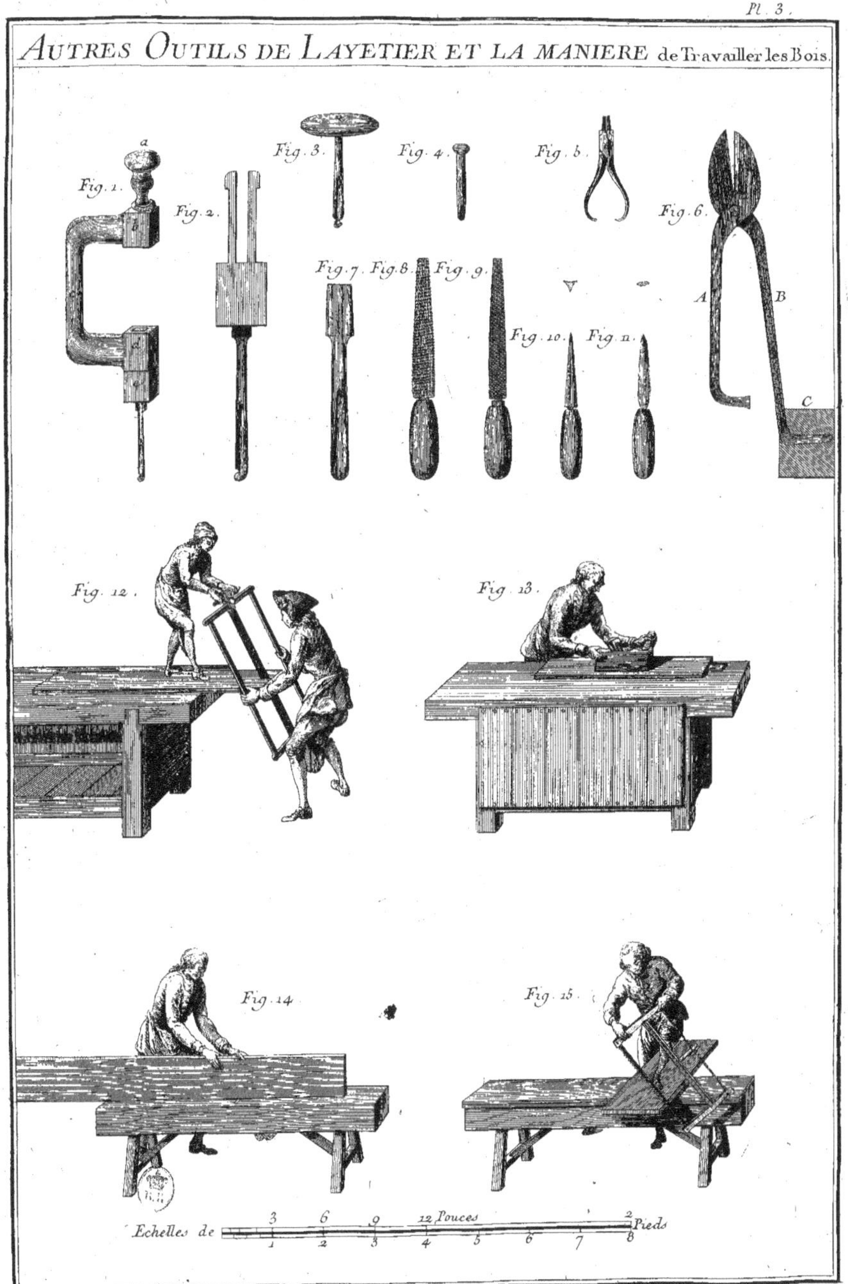

A. J. Roubo Inv. Del. et Sculp.

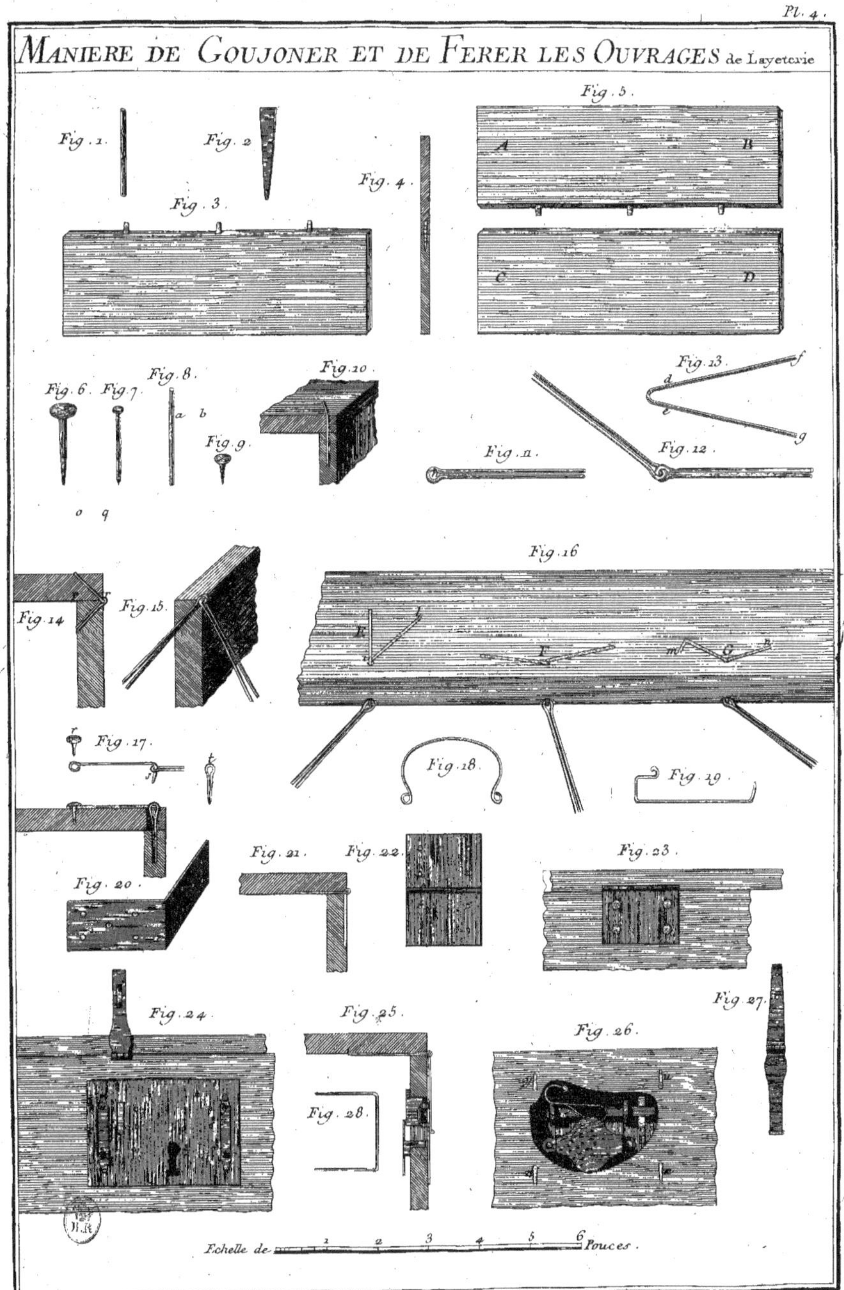

A. J. Roubo Inv. Del. et Sculp.

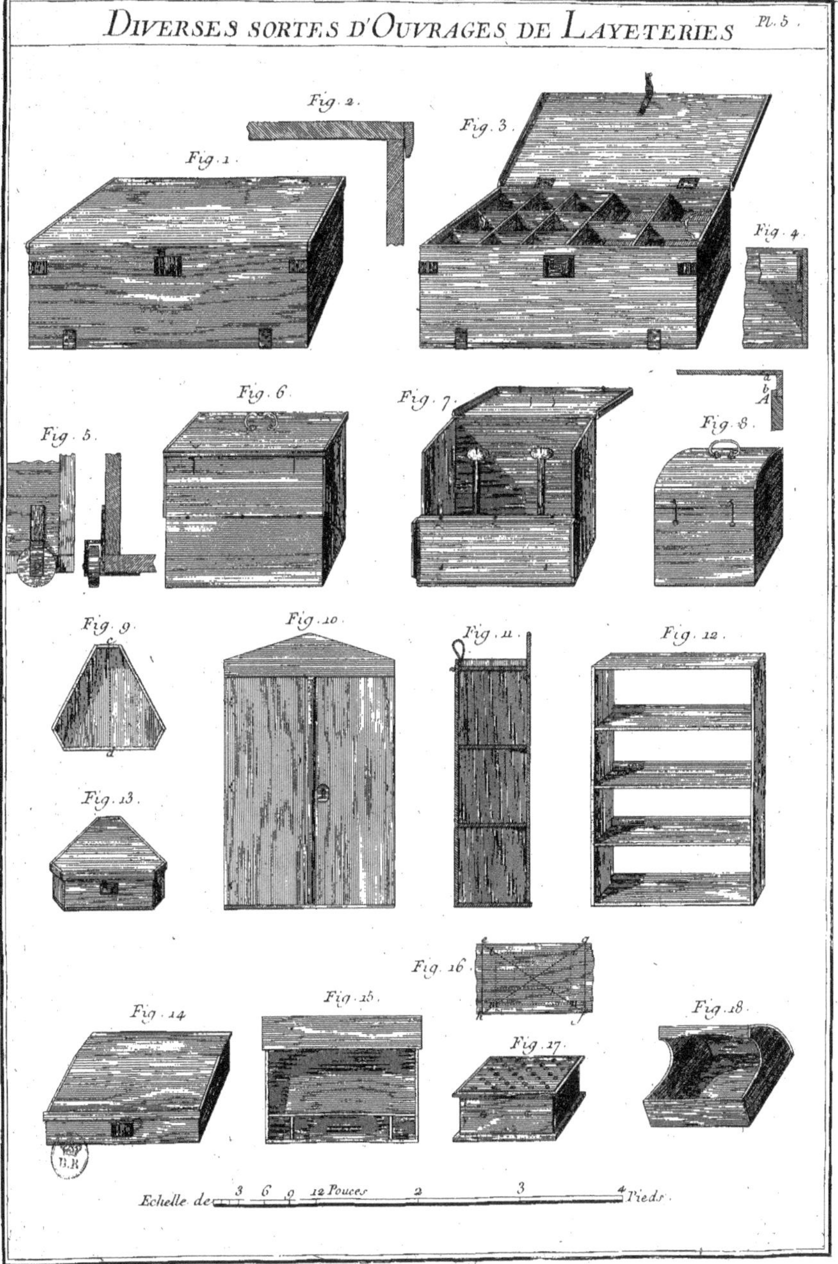

A. J. Roubo Inv. Del. et Sculp.

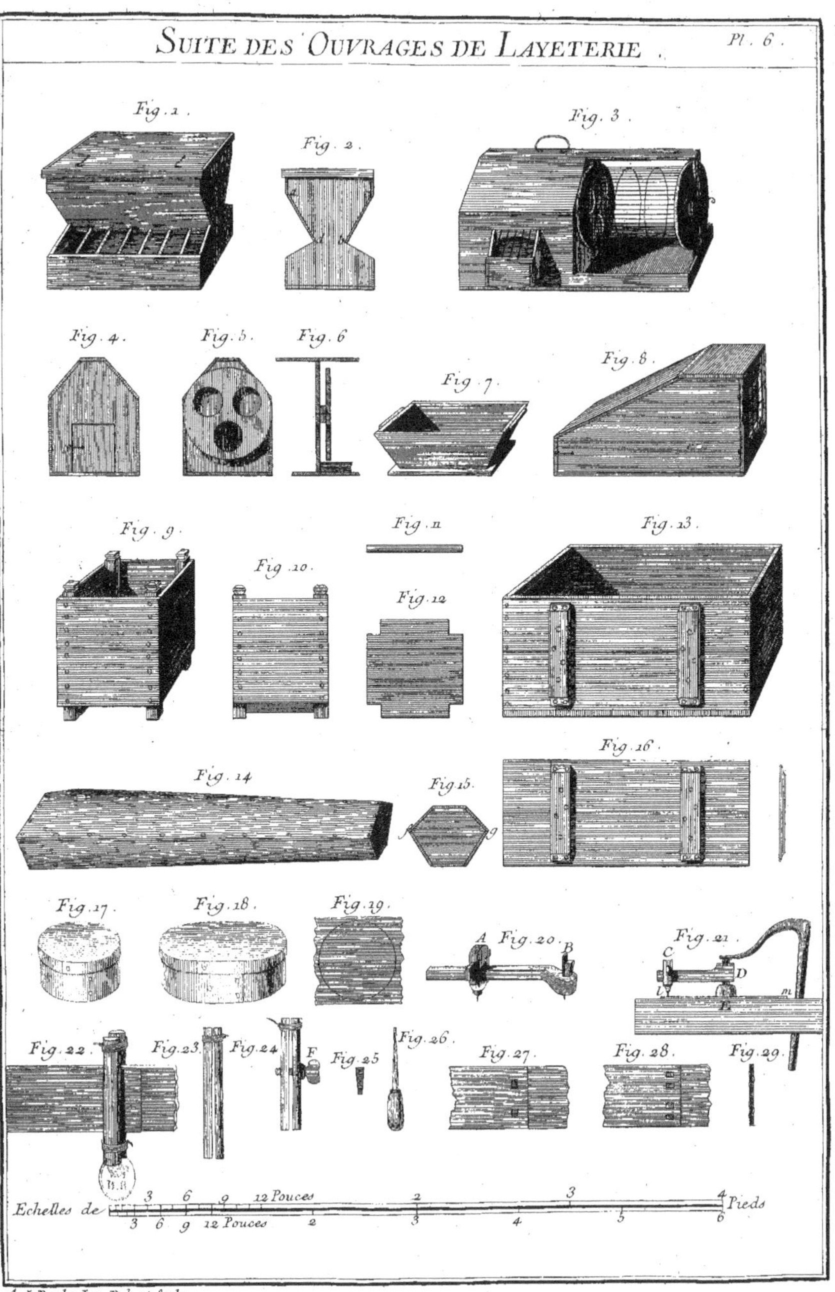

A. J. Roubo Inv. Del. et Sculp

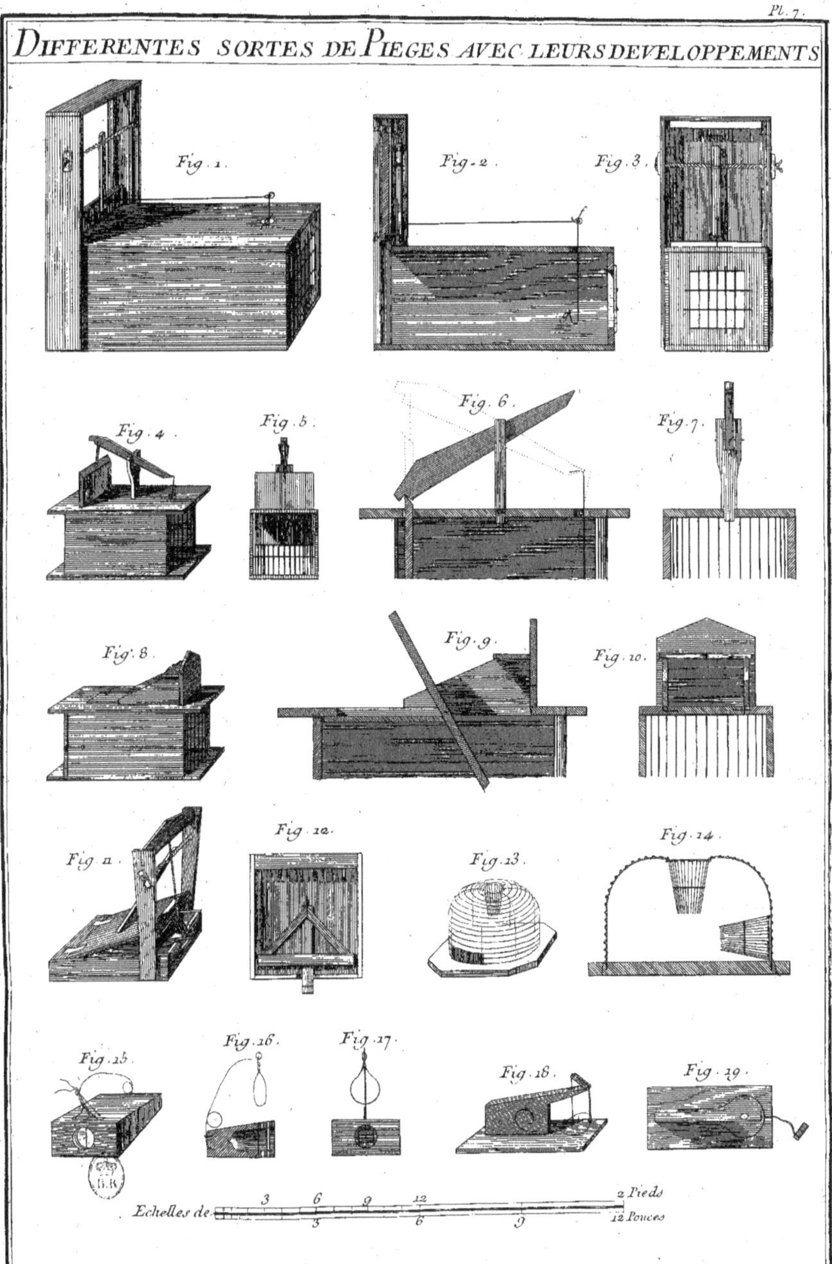

A. J. Roubo Inv. Del. et Sculp.

www.ingramcontent.com/pod-product-compliance
Lightning Source LLC
LaVergne TN
LVHW020245230826
846091LV00006B/2244

9782013055031